Highlights
KARIBIK

50 Ziele, die Sie gesehen haben sollten

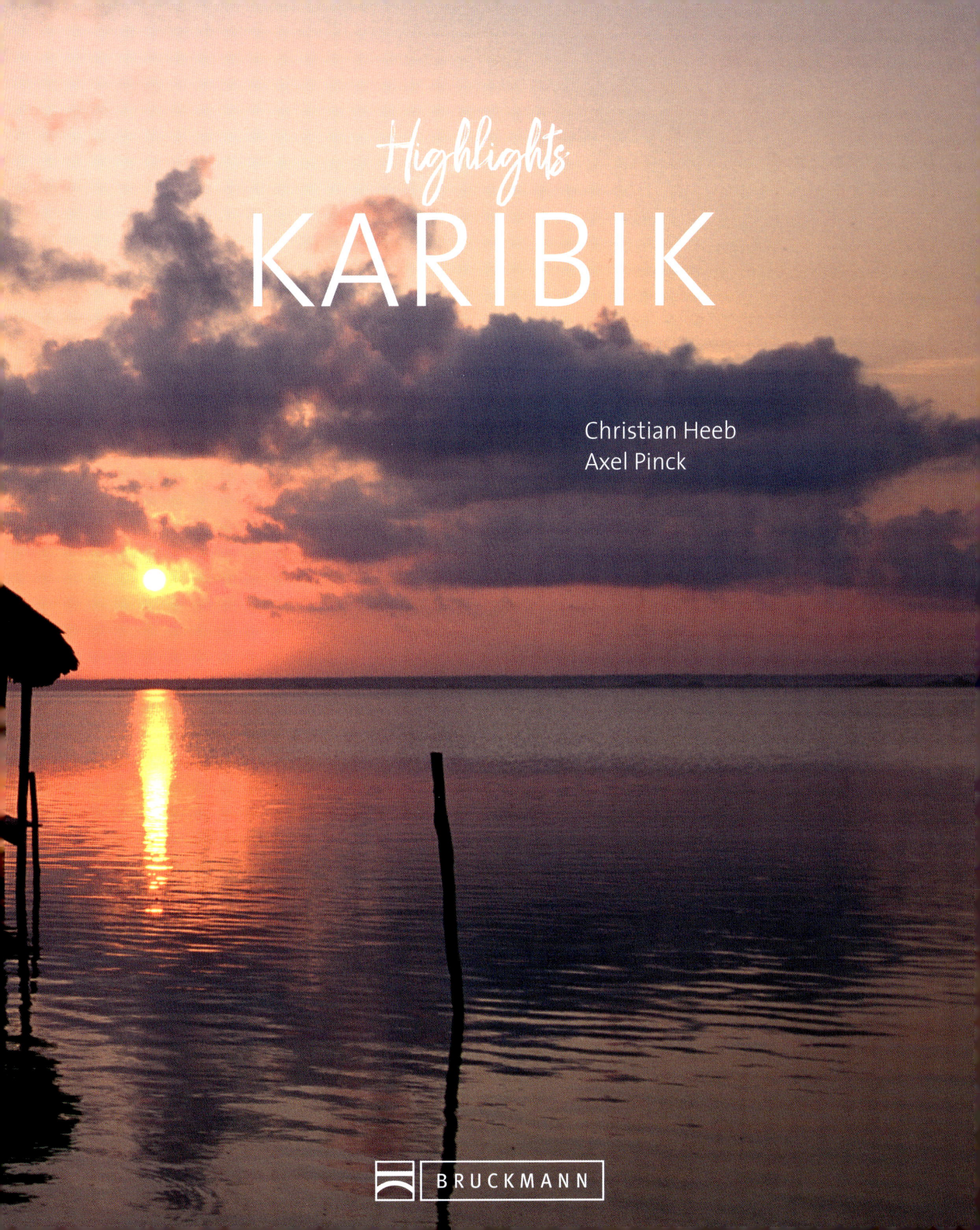

Highlights
KARIBIK

Christian Heeb
Axel Pinck

BRUCKMANN

Inhalt

Bilder v.l.n.r.: Augenblicke, die mit einem Blinzeln (Sonnenuntergang auf Jamaika), einem Schluck (Caipirinha) oder einem Rascheln (Grüne Meerkatze) im Nu vergehen. Das Leben in der Karibik ist voll davon. Es liegt ein besonderes Licht auf den Gesichtern. Und strahlt aus ihnen heraus. Ob bei der Entspannung nach getaner Arbeit oder während der Tabakernte auf Kuba.

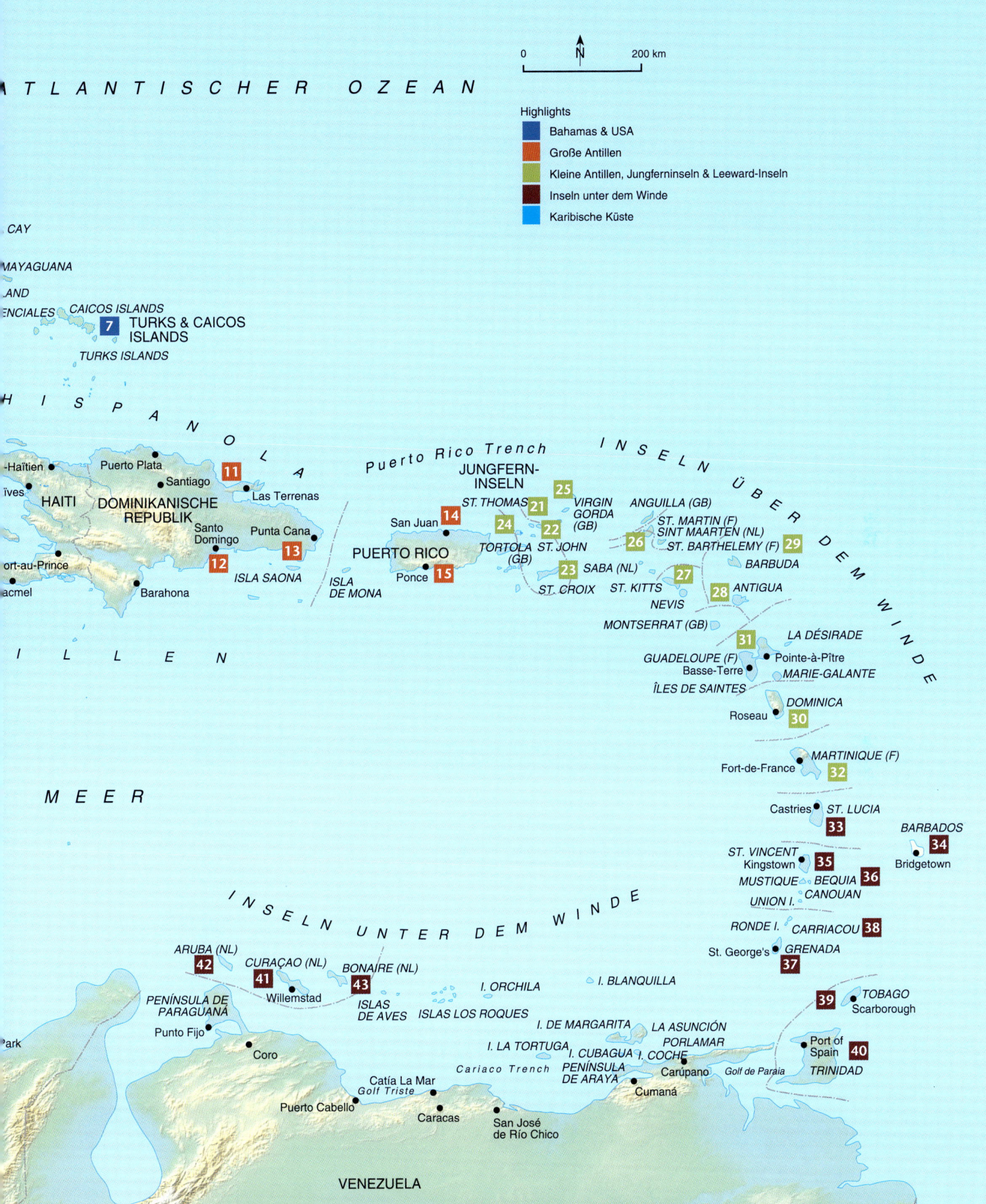

ATLANTISCHER OZEAN

Highlights
- **Bahamas & USA**
- **Große Antillen**
- **Kleine Antillen, Jungferninseln & Leeward-Inseln**
- **Inseln unter dem Winde**
- **Karibische Küste**

0   N   200 km

CAY
MAYAGUANA
...LAND
...ENCIALES
CAICOS ISLANDS
7 TURKS & CAICOS ISLANDS
TURKS ISLANDS

H I S P A N I O L A
-Haïtien
Puerto Plata
ives
Santiago
HAITI
DOMINIKANISCHE
REPUBLIK
Las Terrenas
11
Santo
Domingo
Punta Cana
Barahona
12
13
ISLA SAONA
ort-au-Prince
acmel
ISLA
DE MONA

Puerto Rico Trench
JUNGFERN-
INSELN
ST. THOMAS
San Juan
14
24
PUERTO RICO
Ponce
15
TORTOLA
(GB)
21
22
25
26
ST. JOHN
23
ST. CROIX
SABA (NL)
Virgin
GORDA
(GB)
ANGUILLA (GB)
ST. MARTIN (F)
SINT MAARTEN (NL)
ST. BARTHELEMY (F) **29**
BARBUDA
INSELN ÜBER DEM WINDE
27
ST. KITTS
NEVIS
28 ANTIGUA
MONTSERRAT (GB)
LA DÉSIRADE
31
GUADELOUPE (F)
Basse-Terre
Pointe-à-Pître
MARIE-GALANTE
ÎLES DE SAINTES
DOMINICA
Roseau **30**

I L L E N
M E E R

Fort-de-France
MARTINIQUE (F)
32

Castries
ST. LUCIA
33
BARBADOS
34
Bridgetown
ST. VINCENT
Kingstown
35
MUSTIQUE
BEQUIA **36**
CANOUAN
UNION I.
RONDE I.
CARRIACOU **38**
St. George's
GRENADA
37

INSELN UNTER DEM WINDE

ARUBA (NL)
42
CURAÇAO (NL)
41
Willemstad
BONAIRE (NL)
43
ISLAS
DE AVES
I. ORCHILA
I. BLANQUILLA
ISLAS LOS ROQUES
PENÍNSULA DE
PARAGUANÁ
Punto Fijo
Coro
I. DE MARGARITA
I. LA TORTUGA
I. CUBAGUA
LA ASUNCIÓN
PORLAMAR
I. COCHE
PENÍNSULA
DE ARAYA
Carúpano
Cumaná
Golf de Paraia
TOBAGO **39**
Scarborough
Port of
Spain **40**
TRINIDAD

Park
Catía La Mar
Golf Triste
Puerto Cabello
Caracas
San José
de Río Chico

VENEZUELA

Traumurlaub zwischen Palmen, Strand und Meer

Willkommen in der Karibik

Entdeckungsreise durch eine tropische Inselwelt

Tausende ganz unterschiedlicher Eilande verteilen sich auf dem über 4000 Kilometer langen Inselbogen von Bimini vor der Küste Floridas bis nach Aruba ganz im Süden der Karibik. Verglichen mit dem Europa der Vergangenheit leben die unterschiedlichen Völker geradezu friedlich miteinander, verschmelzen Hautfarben genauso selbstverständlich wie die Küchen, Musikstile und Tanzrhythmen. Nur Namen und Sprachen weisen auf die ehemaligen Kolonialherren hin. Island Hopping in einer der schönsten Regionen der Erde, was kann faszinierender sein?

Urlauber erwarten herrliche Strände mit feinem weichen Sand wie auf Paradise Island auf den Bahamas, mit von Palmen gesäumten Traumbuchten wie die Marigot Bay auf St. Lucia oder immergrüne Regenwälder mit Teak-, Ebenholz- und Mahagonibäumen wie auf Puerto Rico. Auf den Zweigen sitzen kunterbunte Papageien, im Dickicht trällern Baumfrösche. Man findet verträumte Robinsoninseln mit einem einsa-men Anleger für Segelboote oder turbulente Metropolen, etwa Kingston auf Jamaika, die größte englischsprachige Stadt Amerikas südlich von Miami. In Grenada duftet es nach den Gewürzen Muskat, Zimt und Vanille. Auf Barbados erkunden Mutige geheimnisvolle Höhlen oder klettern in den Blue Mountains von Jamaika dem Sonnenaufgang entgegen. Und vor fast allen Küsten öffnet sich eine Wunderwelt farben-

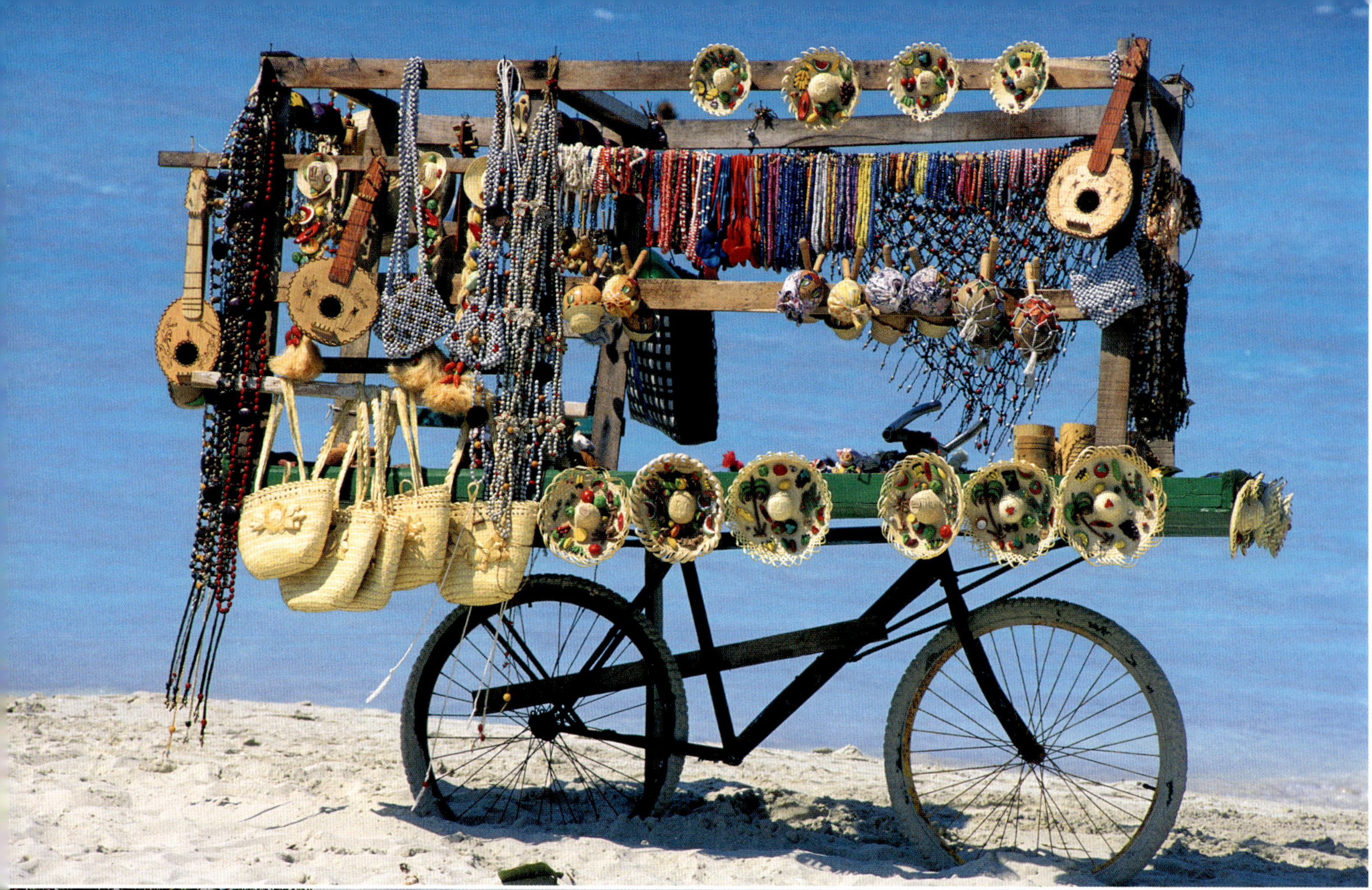

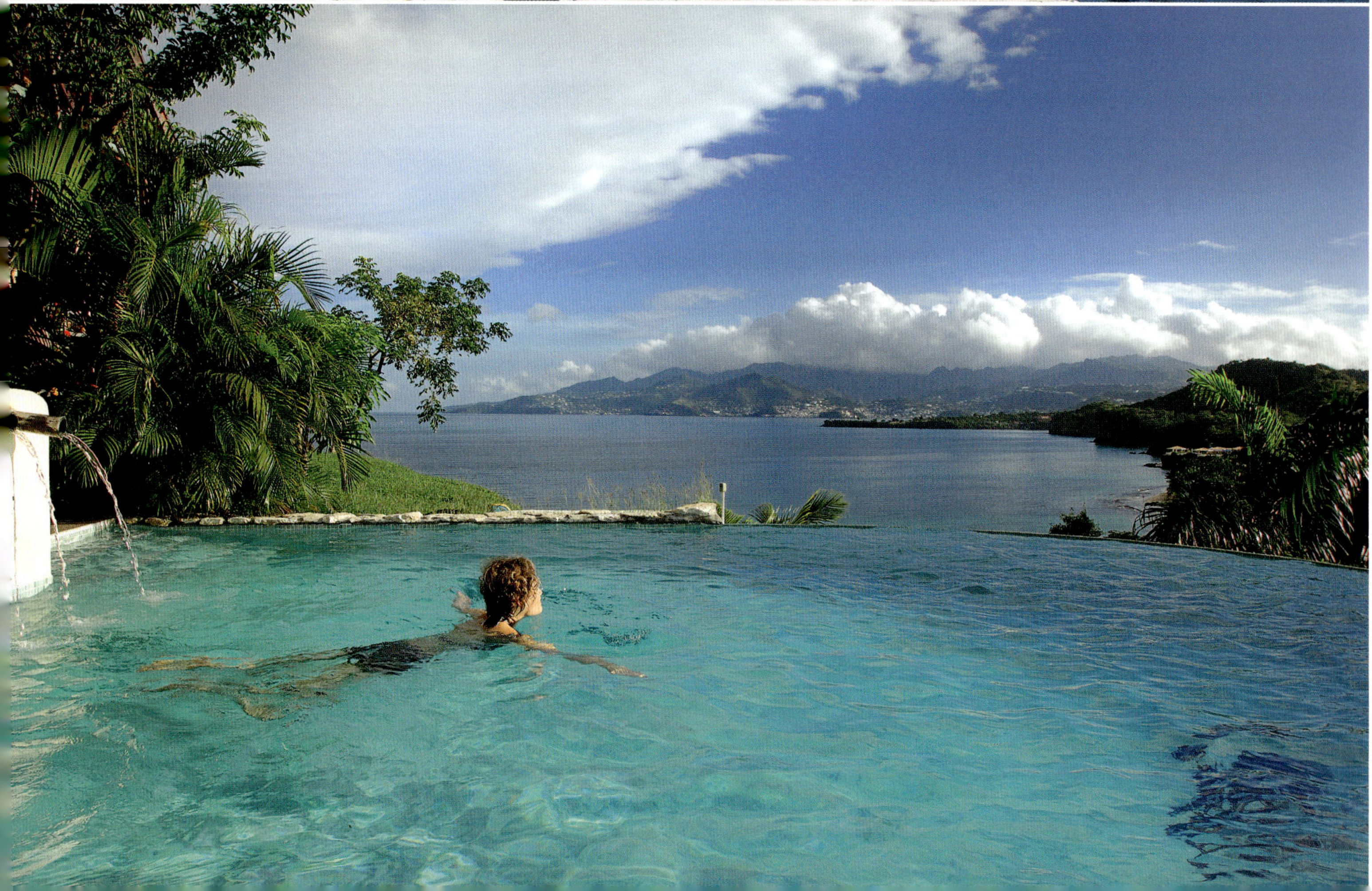

prächtiger Korallengärten gleich unter der Wasseroberfläche.

Rund 43 Millionen Menschen unterschiedlicher Nationalität leben auf den Westindischen Inseln. Sie sprechen englisch, französisch, spanisch und niederländisch, aber auch kreolische Dialekte wie Patois oder Papiamento, Mischungen aus westafrikanischen Idiomen mit der Sprache der jeweiligen Kolonialmacht. Die Großen Antillen – Kuba, Hispaniola, Puerto Rico und Jamaika – zählen die meisten Bewohner, Inseln mit landschaftlicher Vielfalt, fruchtbaren Schwemmlandebenen, auf denen Zuckerrohr, Tabak und Feldfrüchte wachsen, und mit Gebirgen wie den über 2000 Meter hohen Blue Mountains auf Jamaika und dem 3175 Meter aufragenden Pico Duarte in der Dominikanischen Republik.

Auch die Küstenregionen der Kleinen Antillen sind besiedelt. Die meisten der überschaubar großen Inseln sind vulkanischen Ursprungs. Auf einigen von ihnen, darunter Montserrat, Guadeloupe, Martinique, St. Lucia oder St. Vincent, zeugen Vulkankrater mit blubbernden Schwefeltöpfen und Fumarolen davon, dass die Erde noch nicht zur Ruhe gekommen ist. In einem weiten Bogen schiebt sich hier die Nordamerikanische Erdplatte vom Atlantik her

unendlich langsam unter die relativ kleine tektonische Karibische Platte. Gelegentlich zittert die Erde, und schlafende Vulkane erwachen für kurze Zeit, wie 1902 der Mont Peleé auf Martinique oder 2006 der Soufrière auf Montserrat, und überziehen Landschaft, Häuser und Pflanzen mit einer hellgrauen Ascheschicht.

Bei der Kette der Kleinen Antillen unterscheidet man zwischen den Inseln über dem Wind – sie reichen von den amerikanischen Jungferninseln gleich östlich von Puerto Rico bis nach Trinidad im Südosten – und den Inseln unter dem Wind, die sich anschließend entlang der venezolanischen Küste von der Isla Margarita bis nach Aruba im Westen erstrecken. Die frühen europäischen Seefahrer in der Karibik teilten die Westindischen Inseln in ihrer Position zu dem kontinuierlich wehenden Passat ein, über beziehungsweise unter dem Wind heißt somit auch zu- oder abgewandt vom Passat.

Apropos Westindische Inseln: Da die Sonne in Äquatornähe fast senkrecht steht, erwärmt sie die Luftmassen sehr stark, was zu einer »Tiefdruckrinne« entlang des Äquators führt, einem Sog, der den in nordöstliche Richtung wehenden Wind auf der Nordhalbkugel und den aus südöstlicher Richtung wehenden Südostpassat auf der Südhalbkugel erzeugt.

Hinterlassenschaften der Kolonialherrschaft, die heute das Leben auf den karibischen Inseln prägen: knallbunte Häuser (oben links) im Kolonialstil, flotte Jachten (oben rechts) und vielseitig genutzte Fahrräder (linke Seite oben).

Exotische Tiere und Pflanzen im Umfeld der schönsten Strände der Welt bieten dem Gast eine Folie für wiederbelebte Kindheitsträume.

Die verwirrende Bezeichnung ist einem historischen Irrtum zu verdanken. Christoph Kolumbus, der im Auftrag der spanischen Krone einen westlichen Seeweg nach Asien erkunden sollte, war in dem Glauben, die entdeckten Inseln zwischen den Subkontinenten Nord- und Südamerika gehörten bereits zu Indien.

Die Geschichte und vor allem die Kolonialepoche hat der Karibik einen ethnischen Cocktail serviert, mit einer einzigartigen Mischung ganz verschiedener Menschen und Kulturen. Als die Spanier Ende des 15. Jahrhunderts mit ihren Karavellen in der Karibischen See auftauchten, hatten die Kariben, ein kriegerischer Volksstamm, der vom heutigen Guyana aus eine Insel nach der anderen im Norden eroberte, schon seit rund 200 Jahren die dort mehr als ein halbes Jahrtausend ansässigen Arawak bis zu den Großen Antillen zurückgedrängt. Beide Volksstämme wurden von den Spaniern im Handumdrehen ausgerottet. Vor allem ansteckende Krankheiten wie Masern, gegen die die Inselbewohner keine Immunstoffe besaßen, und die brutale Zwangsarbeit in den Minen und auf den Feldern führten zum Massensterben. Der spanische Dominikanermönch Bartolomé de Las Casas schätzte in seinen zeitgenössischen Berichten über die westindischen

Länder die Zahl der indianischen Bewohner allein von Hispaniola bei Ankunft der Spanier auf 300 000. Nach wenigen Jahren waren nur noch 200 000 am Leben, 1510 ging man von 60 000 Ureinwohnern aus, nur 40 Jahre später waren daraus 500 geworden. Von den Arawak hat keiner die europäische Invasion überlebt, kleine Gruppen von Nachkommen der Kariben findet man heute in einsamen Regionen auf St. Vincent und Dominica.

Afrikanische Sklaven ersetzten schnell die ausgelöschte indianische Bevölkerung. Sklavenjäger fingen die Vorfahren der Bevölkerungsmehrheit von heute in verschiedenen Regionen Westafrikas ein, schafften sie in Schiffen zusammengepfercht über den Atlantik und verkauften sie auf den Sklavenmärkten der Karibik als Zwangsarbeiter an Besitzer von Bergwerken und Plantagen. Erst im Laufe des 19. Jahrhunderts und nach vielen blutig niedergeschlagenen Aufständen wurden die Sklaven in den verschiedenen Kolonien der europäischen Mächte in die Freiheit entlassen.

Den Piraten der Karibik im 17. und 18. Jahrhundert ging es weniger um das »weiße Gold«, den Zucker, als vielmehr um die eigentlichen Edelmetalle. Nachdem die Spanier von den Inseln weiter nach Mexiko und Südamerika gezogen waren und dort gewaltige Mengen von Gold und Silber fanden, eroberten andere europäische Mächte, vor allem Großbritannien, Frankreich und die Niederlande, einige der Inseln. Bewaffnete Segler, mit Freibriefen ihrer jeweiligen Regierungen ausgestattet, feindliche Schiffe und deren Ladung gegen einen Anteil an den Erlösen zu kapern, brachten so manche Prise auf. Nachdem die Macht der neuen Kolonialmächte gefestigt war, machten sie indes ihren eigenen Piraten bald den Garaus.

Auch noch nach dem Ende der Kolonialepoche blieben auf einer Reihe von Inseln die engen Bande zu dem einstigen Mutterland erhalten. Die Turks & Caicos Islands oder Montserrat beispielsweise sind noch immer britische Kronkolonien. Martinique und Guadeloupe besitzen einen Status als französische Übersee-Departements mit dem Euro als gesetzlichem Zahlungsmittel, während Curaçao und Bonaire als autonome Teile der Niederlande fungieren.

Lebhaft munterer Gesang tönt aus den geöffneten Fenstern einer Kirche auf der zu den Bahamas gehörigen Insel Eleuthera, auf Jamaika baut der Verkäufer von Sportschuhen eine Verstärkersäule auf, die seinen kleinen Marktstand ums Doppelte überragt, am Strandcafé auf Martinique stimmt die Musik-Combo einen Zouk an, zu dem sich gleich mehrere Gäste in einem langsamen Lambada-Tanz wiegen, am Pigeon Point von Tobago klingt eine Steelband gut gelaunt und volltönend wie ein ganzes Orchester. Merengue, Ska, Reggae, Calypso, Zouk – sicherlich unterstützt die allgegenwärtige Musik trotz vieler Probleme die lebendige Atmosphäre voller Lebensfreude und ungetrübter Leichtigkeit auf allen Karibikinseln. Die Karibik gilt als beliebteste Urlaubsregion der Tropen. Rund 200 Millionen Touristen im Jahr verlieren sich an einer unendlichen Zahl von Stränden. Viele kommen, um vor allem nichts zu tun, sich unter dem Schatten der Palmen dem Müßiggang hinzugeben und sich im wohltemperierten türkisfarbenen Meer zu erfrischen, wenn in ihrer Heimat kalter Wind um die Häuserecken pfeift. Andere lieben es, mit einem Drink vom Schaukelstuhl auf der Veranda einer alten Plantagenvilla der untergehenden Sonne zuzuprosten oder die farbige Unterwasserwelt der Korallenriffe sowie die unendlichen Möglichkeiten für Segelabenteuer zu erkunden. In dem von zahllosen Inseln gesprenkelten Blau der Karibischen See findet jeder das Eiland seiner Träume – selbst verwöhnte Royals und überdrehte Superstars.

Bahamas & USA

Nur einen Katzensprung von Florida entfernt beginnt eine andere Welt, mit Inselparadiesen, pastellfarbener Kolonialarchitektur und karibischem Flair: Kreuzfahrtterminal Nassau (oben), Ocean Drive in Miami (unten) und Elbow Cay auf Abaco Island (links).

Walker's Cay

Little Abaco

Grand Bahama
2

Little Bahama Bank

Cooper's Town

McLean's Town

West End

Freeport/
Lucaya

3 Abaco Island

Marsh Harbour

Hope Town

A T L A N T I S C H E R

*Northwest Providence
Channel*

O Z E A N

*Northeast Providence
Channel*

Berry
Islands

James Bay

Harbour Island

The Current

Gregory Town

Hatchet Bay

Governor's Harbour

Nicholl's Town

New Providence
1

Nassau

4 Eleuthera

Owen's Town

Andros

Fresh Creek

Andros
Town

Powell Point
Powell Point

Bowen Sound

*Ship
Channel
Cay*

Bannerman
Town

Arthur's Town

Behring Point

East End Point

*Little
San Salvador*

Cat Island

*Tongue of the
Ocean*

New Bight

Mangrove
Cay

Drigg's Hill

Exuma

B a h a m a

*Great
Guana
Cay*

Sound

Devil's Point

San Salvador

Mars Bay

Conception I.

B a n k

Rum Cay

Rollesville

Stella Maris

Channel Rock

George Town

Great Exuma **6**

*Little
Exuma*

5 Long Island

Cayo Coco

Archipiélago

Ragged

Clarence Town

de

Island

*Crooked
I. Passage*

Morón

Camagüey

Range

Cayo Romano

Esmeralda

Magallanes Bank

Ciego de
Ávila

K U B A

0   5 km

Unter den 700 Inseln und kleinen Cays findet jeder sein Paradies

Island Hopping per Mailboat in den Bahamas

Auf den Bahamas ist es so ähnlich wie seinerzeit im Römischen Reich. Hier führen zwar nicht alle Wege über Rom, dafür aber über Nassau auf New Providence. Querverbindungen zwischen den Out Islands sind Mangelware. Das gilt für die regelmäßigen Schiffsverbindungen mit den Mailboats genauso wie für Bahamasair, die von Nassau zehn weitere Inseln des ausgedehnten Archipels anfliegt.

Start ist in Georgetown auf Great Exuma, mitten im Labyrinth von 700 Inseln und Eilanden, die zusammen die Bahamas ausmachen. Family Islands werden die Out Islands meist genannt, die die Hauptinsel New Providence wie eine Inselfamilie umgeben. Die lange Kette der Exumas liegt schräg in der blaugrünen See, wie auf einer 160 Kilometer langen Schnur aufgereiht. Hektik und Betriebsamkeit sucht man hier vergebens. Auch die Fahrpläne der Mailboats und Ferries haben mehr anekdotischen Charakter. Taucher, Sportangler und Segler fühlen sich hier wohl, die nicht ständig die Uhrzeit kontrollieren. An der Pier von Georgetown legt alle paar Tage eine Fähre des Bahamas Ferry Service ab, mit Fracht und Passagieren, die die frühe Abreise um 6 Uhr morgens nicht stört. Um 20 Uhr abends, nach 14-stündiger Fahrt und 240 Kilometern auf glücklicherweise ruhiger See ist Potters Cay vor Nassau, der Hauptstadt der Bahamas, erreicht.

Vier Tage müssen reichen, um Insel und Landeshauptstadt zu erkunden, mittags soll nach Auskunft des Dockmasters auf Potters Cay ein Frachtschiff nach Eleuthera auslaufen, das neben Zementsäcken, Kühlschränken und Bierpaletten auch einige Passagiere an Bord nimmt. Recht ordentliche fünf Stunden später und nach 100 Kilometern Seefahrt ist die Hatchet Bay bei Alice Town in North Eleuthera erreicht. Kein schlechter Ausgangspunkt für eine Inselerkundung, die Nordspitze bei Spanish Wells ist weniger als eine Stunde mit dem Mietwagen entfernt. Nach Harbor Island, von seinen Bewohnern kurz und knapp Briland genannt, und seinen malerisch an einer leichten Anhöhe gelegenen Hauptort Dunmore Town

geht's mit einem kleinen Wassertaxi. Zurück von Hatchet Bay nach Potters Cay in Nassau geht's wieder in fünf Stunden durch die leicht kabbelige See.

Auf zur größten, aber kaum besiedelten Insel der Bahamas, nach Andros. Die *Captain Moxey*, ein Versorgungsschiff mit einigen Kabinen, soll in Nassau am Montag um 11 Uhr ablegen. Mit leichter Verspätung ist es um 15 Uhr endlich so weit. Sieben Stunden dauert die 110 Kilometer lange Seereise nach Südwesten. Der kleine Hafen von Driggs Hill Settlement im Süden des durch breite Wasserarme, sogenannten Bights, zerteilten Andros ist das Ziel. Creeks, tiefe Salzwasserbuchten, und Flüsse, die dem Meer zustreben, zergliedern das Land noch weiter. Das westliche Drittel der Nordinsel heißt schlicht »The Mud«. Es bleibt Ansichtssache, ob man die undurchdringlichen Mangrovensümpfe zum flachen Wasser der Bahamas Bank oder zur Landmasse von Andros zählt. Auf dem »The Big Yard« genannten festen Land wächst vor allem die karibische Pinie und allerlei Buschwerk. In den Hohlräumen des Kalksteinuntergrunds der Insel lagern riesige Mengen Süßwasser. Der größte Bodenschatz der Bahamas wird regelmäßig in Tankschiffen auf die durstige Hauptinsel mit ihren vielen Urlauberhotels gebracht. Der Schiffskran auf dem Vorderdeck der *Captain Moxey* befördert vorgefertigte Bauteile für ein Häuschen auf einen am Kai abgestellten Anhänger. Andros steht bei passionierten Bonefish-Anglern, die Fische leben im Brackwasser der Insel – hoch im Kurs. Zwei Tage in einer einsamen, einfachen Unterkunft direkt am Strand und es geht – per Flugzeug – zurück nach Nassau in die hektische Zivilisation.

UNTERWEGS IN FLORIDA

Zwischen Miami und Key West liegen 260 Kilometer, davon 205 Kilometer auf dem Overseas Highway, der vom Festland über eine Kette von tropischen Koralleninseln von Key Largo bis zum südlichsten Punkt Floridas und der kontinentalen USA auf Key West führt. Eine herrliche Strecke mit dem Mietwagen, die je nach Geschwindigkeit ab dreieinhalb Stunden dauert. Einer der Höhepunkte ist die Überquerung der Seven Mile Bridge zwischen Knight Key und Little Duck Key, mit dem romantischen Bahia Honda State Park am südlichen Ende, den die Überreste einer Eisenbahnbrücke zieren.

INFORMATIONEN

Mailboat Company Ltd,
Tel. +1/242/502 26 28, Potters Cay,
Nassau, www.mailboatbahamas.com
Bahamas Ferry Services, Potters Cay,
Nassau, Tel. +1/242/323 21 66,
http://bahamasferries.com
Dockmaster Potters Cay, Nassau,
New Providence, Tel. +1/242/394 12 37

Nassau, Kreuzfahrtmetropole mit tropischer Vegetation und türkisfarbenem Wasser. In diesem quirligen Außenposten der Karibik lebt der Großteil der Bevölkerung der Bahamas. Stilvoll wohnt es sich im Graycliff Hotel (rechte Seite unten).

1 New Providence und Paradise Island

Vom Piratennest zum Urlaubsparadies

New Providence und seine attraktive Metropole Nassau beherbergen gut zwei Drittel der Gesamtbevölkerung der Bahamas. Den einst bedeutenden Piratenschlupfwinkel der Karibik zeichnen koloniale Architektur und Noblesse aus. So steht die Hauptstadt der Bahamas mit ihren Sehenswürdigkeiten, den wunderbaren Stränden von Cable Beach sowie dem Kasino auf der vorgelagerten Paradise Island in der Gunst der Touristen weit oben. Hier leben mit rund einer viertel Million Bahamen und vielen haitianischen Flüchtlingen gut zwei Drittel der Gesamtbevölkerung der Bahamas.

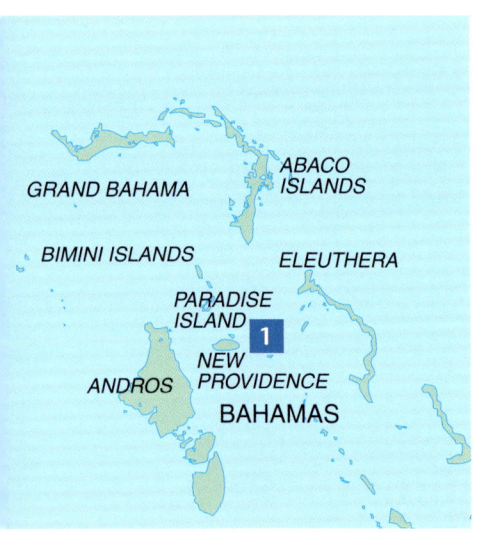

Paradise Island liegt nur einen Brückenschlag von Nassau entfernt und schützt durch seine Lage den wichtigen Tiefwasserhafen mit seinen Kreuzfahrtterminals. Palmen, weiche Badestrände – so weich, dass die Füße etwas einsinken – und diverse Hotel- und Apartmentanlagen säumen die Küste. Hog Island, Schweineinsel, hieß das wahrhaft paradiesische Eiland einst, als hier noch Borstenvieh gezüchtet wurde.

Im Jahr 1939 leitete der schwedische Industrielle Axel Wenner-Gren die Wende ein, ließ auf der kurz zuvor gekauften Insel Gärten anlegen und einen Kanal bauen. Zwanzig Jahre

später veräußerte er seine Latifundien an den US-Amerikaner Huntington Hartford, Erbe einer Supermarktkette, der der Insel ihren paradiesischen Namen gab und wechselnden Ehefrauen und Freundinnen mit imposanten Bauten zu gefallen suchte. Noch heute können Urlauber in seinen Versailles Gardens samt dem hierher verpflanzten mittelalterlichen Kreuzgang eines Augustinerklosters aus der Nähe von Lourdes wandeln oder sich sogar das Ja-Wort geben.

Ein gigantisches, mit Motiven der Legende vom untergegangenen Atlantis erbautes Kasinohotel dominiert die Südhälfte des »Paradie-

Von den Stufen des Government-Hauses blickt die Statue von Christoph Kolumbus (unten) auf Nassau. Farbenprächtiges Ereignis – der Compass Point Beach Club (ganz unten).

ses«, eine Fantasiewelt mit abenteuerlichen Hoteltürmen und Kuppeln, mit einer Acrylröhre, die Besucher mitten durch ein Haifischbecken führt, einem künstlichen Wildwasserbach, diversen Bars und Restaurants.

Wer vermutet, dass in der Inselhauptstadt Nassau Hochhäuser in den Himmel ragen, in denen die vielen tausend hier registrierten Unternehmen residieren, täuscht sich gewaltig. Schließlich existieren die meisten Firmen nur als Briefkasten. Die Statue der britischen Queen Victoria am Parliament Square der Hauptstadt schaut vielmehr auf ein eher britisch-koloniales Ambiente. Die Fahrt mit einer Pferdekutsche zu den Sehenswürdigkeiten von Nassau ist der entspannten Atmosphäre angemessen.

Die Treppen der Queen's Staircase von der Stadt zum Fort Fincastle haben einst Sklaven in den Felsen geschlagen. Doch diese Zeiten sind längst vorbei. Heute fühlen sich Familien in großen Resorts an den weißen Stränden von Cable Beach nicht weit von der Hauptstadt Nassau wohl, dazwischen sind einige kleinere Pensionen übrig geblieben. Abseits der Strände lädt das »Piraten-von-Nassau«-Museum zu einem unterhaltsamen Ausflug in die Geschichte ein. In der National Gallery of the Bahamas sind farbenprächtige Kunstwerke zu besichtigen, das Pompey Museum erinnert an die dunkle Zeit der Sklaverei und an die Befreiung von der Fronarbeit. Die zentrale Bay Street, der International Bazaar mit über 30 kleinen Shops für Kunsthandwerk und Reisemitbringsel sowie eine Kette von Duty-free-Geschäften verführen die meisten Urlauber und Kreuzfahrttouristen zusätzlich zu einem ausgedehnten Hauptstadtbummel.

Auch das Nachtleben kann sich sehen und hören lassen, mit Beach-Partys und Cabaret-Shows, mit Musik- und Tanzclubs auf Paradise Island, in Nassau und an der Cable Beach, in denen Soca- und Calypso-Klänge ertönen. Restaurants bieten Conchmuschelsalat, gebackenen Grouper-Fisch und andere lokale Spezialitäten, aber auch italienische und französische Küche.

Schlupfwinkel von Captain Blackbeard

Die Piraten des 17. und 18. Jahrhunderts schätzten New Providence wegen seiner idealen Lage und machten die Insel zu einer ihrer Hochburgen in der Karibik. Wegen des Golfstroms mussten die vollbeladenen Transportschiffe Spaniens den Weg nach Europa durch die Gewässer der Bahamas nehmen. Dazu ver-

fügt die Insel vor ihrer Hauptstadt Nassau durch das vorgelagerte Paradise Island über einen günstig gelegenen, geschützten, natürlichen Hafen. Außerdem sammelt sich in Seen wie dem Lake Killarney und dem nicht weit entfernten Lake Cunningham kostbares Süßwasser. Einer der berüchtigtsten Seeräuber seiner Zeit, Captain Blackbeard, dessen Name zum Mythos wurde für List und Grausamkeit, nutzte die Insel lange als Unterschlupf und Rückzugsgebiet.

Dabei hätte die Karriere von New Providence zunächst einen anderen Weg nehmen sollen. Puritaner hatten Mitte des 17. Jahrhunderts damit begonnen, die Insel zu besiedeln. Nassau, das damals nach dem englischen König Charles II. Charles Towne genannt wurde, sollte auf William Sayle's Island, wie New Providence zu diesem Zeitpunkt noch hieß, ein Hauptumschlagplatz für exotische Früchte wie Bananen und Rohstoffe wie Zuckerrohr werden. Was der Einfall von vielen hundert Freibeutern für die Entwicklung des beabsichtigten Warenaustausches zunächst bedeutete, lässt sich durch die Folgen der heutigen Piraterie im Nordosten Afrikas und den Meerengen Indonesiens nur erahnen.

Spanien und Frankreich reagierten mit der Entsendung von schwerbewaffneten Kriegsschiffen, die Nassau zeitweilig belagerten und unter Beschuss nahmen. Einnehmen konnten sie den Hafen jedoch nie. Erst als die englische Krone, die der Schwächung ihrer europäischen Konkurrenten wohlwollend zugesehen hatte, nicht wenige Seeräuber mithilfe der Amnestie zu ehrbaren Bürgern erklärte und den bekehrten Piraten Woodes Rogers zum ersten Gouverneur der Bahamas ausrief, entspannten sich die Verhältnisse peu à peu.

Die Sklaverei geht zu Ende, der Tourismus beginnt

Einen wichtigen Auslöser für einen Aufschwung lieferte ausgerechnet der Befreiungskrieg der Amerikaner vom Joch der englischen Kolonialherrschaft. Eine Flüchtlingswelle von englandtreuen Siedlern schwappte von den USA über die Bahamas und bescherte den Inseln die Plantagenwirtschaft und damit die Verdopplung der Bevölkerung durch eingeführte afrikanische Sklaven. Bevor die Leibeigenschaft im Jahr 1838 endgültig abgeschafft wurde, wuchs der Bevölkerungsanteil der Schwarzen auf über zwei Drittel.

Doch der zeitweilige Erfolg der Bahamas als Lieferant von Gewürzen, Obst und Zuckerrohr war an Sklavenarbeit gekoppelt, und die Ausbeutung der kargen Böden durch intensive Landwirtschaft erwies sich auf Dauer als untragbarer Raubbau. Die Herrschaft der Bay Street Boys genannten weißen nassauischen Oligarchen endete allerdings erst mit der Unabhängigkeit der Kronkolonie im Jahr 1973, und der Tourismusboom sorgte für eine kleine Beteiligung der farbigen Bevölkerungsmehrheit am wachsenden Wohlstand.

PIRATES OF NASSAU

Besucher finden sich im Bauch des Piratenschiffes »Revenge« wieder und hören, wie die Freibeuter ihren nächsten Coup planen. Sie riechen die ungesunde modrige Luft in einem Gefängnis und hören das letzte Gebet eines zum Tode verurteilten Gefangenen auf dem Weg zu seiner Exekution. Kinder lieben die gruselige Atmosphäre, die zuweilen an Geisterbahnen auf Jahrmärkten erinnert. Das 2003 im Zentrum von Nassau eröffnete interaktive Museum erzählt auf seine Weise über das goldene Zeitalter der Piraterie in der Karibik, das Ende des 17. Jahrhunderts begann. Hierher brachten die Buccaneers ihre von spanischen Schiffen geraubte Beute, Gold und Gewürze, hier verprassten sie das meiste wieder, in wüsten Kneipen und mit sündigen Frauen. (Ecke King/George St., Tel. +1/242 356 37 59, www.pirates-of-nassau.com, geöffnet Mo.–Sa. 8.30–17.30, So. 9–14 Uhr)

WEITERE INFORMATIONEN

The Bahamas Ministry of Tourism
www.bahamas.com
Nassau/Paradise Island Promotion Board
(www.nassauparadiseisland.com), Informationen zu New Providence und Paradise Island

Die Bahamas nennt man auch die Inseln des ewigen Frühlings, mit Temperaturen zwischen 25 und 35 Grad und einer angenehmen Brise. Paradise Island macht seinem Namen alle Ehre.

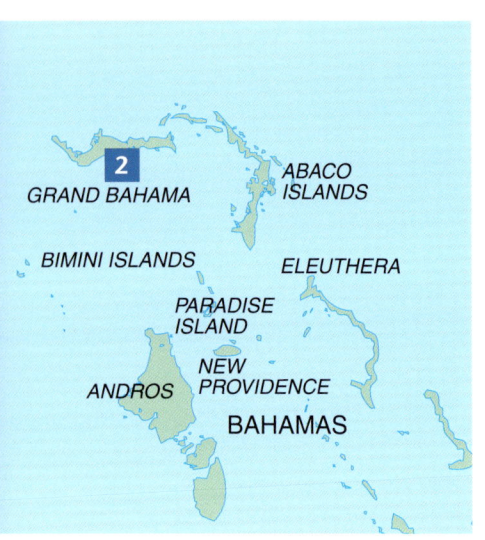

2 Grand Bahama

Kasinobetrieb und endlose Strände

Fantastische Strände, weite Naturlandschaften ohne Zivilisation und eine reiche Unterwasserwelt machen Grand Bahama Island zu einem beliebten ganzjährigen Urlaubsziel für US-Amerikaner. Schließlich liegt die viertgrößte Insel der Bahamas nur einen 100 Kilometer kurzen Katzensprung von Florida entfernt. Sie hat sich zu einer Wellness-Oase und einem Anziehungspunkt für Wassersportler gemausert. Und auch das Nachtleben kommt hier nicht zu kurz, mit exzellenten Restaurants und großen Spielkasinos.

Spielkasinos wie das Princess Casino (unten links), Restaurants wie das Hot Sauce King und nicht zuletzt der Kreuzfahrthafen sorgen für viel Betrieb. Doch der größte Teil der Insel ist nahezu menschenleer: Welle am Eight Mile Rock (rechte Seite oben).

Vermutlich vor knapp 5000 Jahren begann die Besiedlung der Bahamas durch die Siboney-Indianer, die später von den friedlichen Lucayas abgelöst wurden. Möglicherweise waren diese auf der Flucht vor den Kariben, einem Volk von aggressiven Kannibalen. Verspeist werden heute auf Grand Bahama in den Cook-Outs zum Glück nur noch Fische sowie Krusten- und Schalentiere in allen erdenklichen Variationen.

Nachdem die Spanier die Insel heimsuchten und viele Inselbewohner in die Sklaverei verschleppten oder sie mit aus Europa eingeschleppten Krankheiten ausgelöscht hatten, blieb Grand Bahama für beinahe 300 Jahre unbewohnt. Wie auf den benachbarten Inseln schlug zu Beginn des 19. Jahrhunderts der Ver-

such fehl, eine Plantagenwirtschaft in größerem Stil entstehen zu lassen. Einen regelrechten Boom erlebte die Insel jedoch erst, als der amerikanische Kongress im Jahr 1919 die Prohibition beschloss. Vom West End Point starteten Schmuggelschiffe, die Rum Runner, mit hochprozentiger Ware in Richtung der Häfen an der Ostküste der Vereinigten Staaten.

Zwillingsstädte Freeport und Lucaya

Der lukrative Alkoholschmuggel sorgte rasch für einen wirtschaftlichen Boom, der jedoch mit der Aufhebung des Verbots in den USA 1933 zusammenbrach. Mit dem Versprechen, Industrie anzusiedeln, einen Tiefseehafen entstehen zu lassen, die Infrastruktur auszubauen und zahlreiche Arbeitsplätze zu schaffen, brachte

GARDEN OF THE GROVES

Wanderwege schlängeln sich durch eine kultivierte Naturlandschaft mit Wasserfällen, Springbrunnen und Teichen. In einem schwimmen Dutzende tropischer Tilapia-Fische. Die Ufer sind gesäumt von exotischen Pflanzen mit Spanish Moss und anderen Epiphyten, von Bougainvillea und Orchideen bis zu Bananenstauden. Gut zwölf Hektar ist der bezaubernde botanische Garten groß, ein Ort, in dem man schnell jede Hektik hinter sich gelassen hat. Klar, dass sich die tropische Vogelwelt inmitten von rund 10 000 Pflanzenarten wohlfühlt. Auch für Kinder ist vorgesorgt, mit einem Streichelzoo, in dem Hängebauchschweine die Stars sind, und einem Abenteuerspielplatz. Führer erklären den Besuchern die Pflanzen- und Tierwelt und haben auch sonst unterhaltsame Geschichten parat. (Ecke Midshipman Rd. / Magellan Dr., 11 km östlich vom International Bazaar, Tel. +1/242 374 77 78, www.thegardenofthegroves.com, geöffnet tgl. 9–16 Uhr)

WEITERE INFORMATIONEN

Grand Bahama Tourism Board,
Freeport, Grand Bahama,
www.grandbahamasvacations.com,
Tel. +1/242 352 83 56

der US-amerikanische Magnat Wallace Groves in den 1940er-Jahren die bahamische Regierung in Nassau dazu, ihm zu Vorzugskonditionen und befreit von Steuern und Zöllen 20 000 Hektar Land für die Dauer von 99 Jahre zu verpachten. Freeport mit seinem Freihafen, dem Flughafen und seinen Industrieansiedlungen bietet heute mit Restaurants, Geschäften wie dem International Bazaar und diversen Nachtclubs eine Infrastruktur, die Ihresgleichen sucht. Der Zwillingsort Lucaya gleich nebenan ähnelt dagegen einer Gartenstadt. Hier gibt es Parks, Spielkasinos, Golfplätze, dazu Museen und Basare wie den Port Lucaya Marketplace. Die Straßen sind gepflegt, Blumenrabatte erfreuen das Auge. Gleich im Osten schließt sich das 40 Hektar große Rand Nature Center an, ein Naturschutzgebiet mit Pinienwald, Kasuarinen, Palmettobäumen, Baumorchideen und einer tropischen Vogelwelt.

Mit Delfinen um die Wette schwimmen

Platz gibt es auf Grand Bahama genug, auch an den Stränden. Wer etwas Gesellschaft bevorzugt, kann sich im Sand von Xanadu und Lucaya Beach aalen, wer es gern einsamer hat, flüchtet an den grellweißen Sandstrand von Fortune Beach weiter im Osten. Eine besondere Attraktion erwartet den Besucher bei Unexso. Unter professioneller Anleitung der berühmten Tauchschule Underwater Explorers Society können Taucher hier Haie füttern oder mit der »Dolphin Experience« nach einer 20-minütigen Bootsfahrt im offenen Meer mit Delfinen schwimmen.

Im Lucayan National Park – fast in der Mitte der 120 Kilometer langen Insel gelegen – ist man oft mit der Natur allein. Wanderwege durchziehen die Pinien- und Palmenwälder, führen zu einsamen Stränden, die einer einzigen riesigen Düne gleichen, zu Mangroven und geheimnisvollen Höhlen. Der Gold Rock Creek, ein Flüsschen im Nationalpark, entspringt aus einem riesigen Aquifer, einem endlos erscheinenden System von unterirdischen Kalksteinhöhlen und Kavernen, das mit Süßwasser gefüllt ist. Schon die Indianer holten sich aus diesem Reservoir ihr frisches Wasser.

Früher Schiffswracks, heute nur noch Buschwerk: Strandgut auf Abaco. An den Bootsstegen machen viele Bahamen und Urlauber ihre Boote fest. Ferienparadies Hope Town, Elbow Cay (oben links), Jachthafen mit historischem Leuchtturm (rechte Seite unten) und Bootsbauer Joe Albury (rechte Seite oben).

3 Abaco Islands

Von Seglern und Regatten

Die Inselwelt der Abacos im Nordosten des Bahamas-Archipels gilt mit ihren türkisfarbenen Gewässern als eines der schönsten Segelparadiese der Welt. Wie ein Bumerang geformt, zieht sich die Kette mit den beiden Hauptinseln Great Abaco und Little Abaco sowie vielen Dutzenden kleineren Eilanden 220 Kilometer von Süden nach Norden. Auch Angler und Taucher schätzen die urtümliche Atmosphäre, in der nichts an die Kasinos und Nachtclubs von Nassau oder Grand Bahama erinnert.

Als der aus Spanien stammende Edelmann Ponce de León zu Beginn des 16. Jahrhunderts die Bahamas besegelte, fand er weder den ersehnten mythischen Jungbrunnen vor noch die erhofften Reichtümer. Etliche der heutigen Bewohner stammen von den sogenannten Royalisten ab, der Krone treu ergebenen Flüchtlingen, die die Vereinigten Staaten nach der erfolgreichen Revolution gegen das britische Mutterland verlassen hatten. Doch auch hier hatte sich die Qualität des nährstoffarmen Bodens schnell als ungeeignet für ein intensives Plantagensystem erwiesen.

So wurden aus Landwirten Bootsbauer und Fischer, denen zudem die angeschwemmten Ladungen derjenigen Schiffe, die auf die scharfen Korallenriffe vor der Küste aufliefen, höchst willkommen waren. Die hier handgefertigten Dingis – Jachten aus Holz und Glasfiber von den Werften auf Man-O-War Cay und anderen Eilanden – genießen übrigens heute noch weltweit einen legendären Ruf.

In Marsh Harbour und anderen Orten auf Great Abaco leben insgesamt ungefähr 5000 Einwohner und damit rund die Hälfte der Bevölkerung aller Abaco-Inseln. Mittlerweile entstehen vereinzelt wieder Wälder, werden auf extensiv genutzten Feldern mithilfe von Kunstdünger Gurken, Tomaten und Zitrusfrüchte angebaut. Der wichtigste Motor für eine florierende lokale Wirtschaft ist jedoch auch hier der Tourismus. Die supermodernen Jachthäfen, die

hochwertigen Hotelanlagen, die verschlafenen Fischerorte und die einsamen Strände sind zu einem wahren Magneten für Segler und andere Urlaubsgäste geworden.

Loyal zur Krone – ganz ohne Alkohol

In seiner Blütezeit im 19. Jahrhundert siedelten auf Green Turtle Cay und in seinem Hauptort New Plymouth rund 1800 Einwohner. Heute verlieren sich gerade einmal rund 500 Menschen auf der an tief eingeschnittenen Buchten und wunderbaren Stränden reichen Schildkröteninsel. Das über zehn Kilometer lange Great Guana Cay verfügt über einen der schönsten Strände von Abaco. Mangels geeigneter Straßen besuchen sich die Bewohner gegenseitig mit dem Boot. Wie auf Man-O-War Cay, wo es Farbigen lange Zeit verboten war zu übernachten, leben hier Nachfahren der Royalisten in klassischen weißen oder pastellfarbenen Clapboard-Häusern mit schmucken weißen Zäunen um die Vorgärten, in denen Hibiskus und Bougainvillea blühen.

Die Lebensführung der brillanten Bootsbauer ist noch immer gezeichnet von ihren puritanischen Vorfahren, mit rigidem Antialkoholismus und Prüderie. Dennoch gibt es auf einigen Inseln geradezu legendäre Seglerkneipen wie den »Green Turtle Club«, dessen Wände und Decke zufriedene Barbesucher mit Dollarnoten gepflastert haben.

Das zweifellos bedeutendste Gebäude von Hope Town auf Elbow Cay ist für alle Seeleute und Freizeitkapitäne der 40 Meter hohe und wie eine Zuckerstange rot-weiß gestreifte Leuchtturm. Schon 1838 wurde mit seinem Bau begonnen, doch fertig war er erst 25 Jahre später. Sabotageakte empörter Insulaner zögerten die Inbetriebnahme immer weiter hinaus, schließlich sahen sie sich um ihre wichtigste Einnahmequelle, das Ausplündern gestrandeter Schiffe, gebracht.

Das von Buschwäldern und Palmen bewachsene Walker's Cay heißt dank seiner peripheren nördlichen Position auch Top of the Bahamas. Sportangler können hier fast sicher üppige Beute erwarten, schließlich sorgt der nahe Golfstrom für reiche Fischgründe. Und das vorgelagerte Barriereriff mit seinen Korallen, Schwämmen, Seeanemonen, Muscheln, Krebsen und bunten Fischschwärmen ist ein ausgewiesenes Paradies für Schnorchler und Taucher.

INTERNATIONALE REGATTAWOCHE VON MARSH HARBOUR

Vor mehr als 100 Jahren wurde der erste Segelwettbewerb auf den Bahamas ausgetragen, heute findet kaum ein Wochenende ohne Regatta auf einer der Inseln statt. Meist sind es lokale Wettbewerbe, Rennen bahamischer Sloop-Boote; aber zu den großen Regatten kommen sogar Jachten aus Schweden, Kanada, den USA oder den Bermudas. Das zehntägige Rennereignis »Regatta Time in Abaco« (www.regattatimein-abaco.com) wird schon seit gut 36 Jahren immer Anfang Juli ausgetragen. Mit großer internationaler Beteiligung, aber auch vielen einheimischen Seglern und Booten sowie einem überaus fachkundigen Publikum. Auch wer nicht zu den Spitzenseglern gehört, dürfte die Regattatage bestens genießen, die nicht nur den Bahamen als willkommene Ausrede für ausgelassene Partys dienen.

WEITERE INFORMATIONEN

Webseite mit diversen Links zu Bootsvermietern, Unterkünften und Tauchbasen: www.go-abacos.com
Webseite des Inselmagazins Abaco Life: www.abacobuzz.com

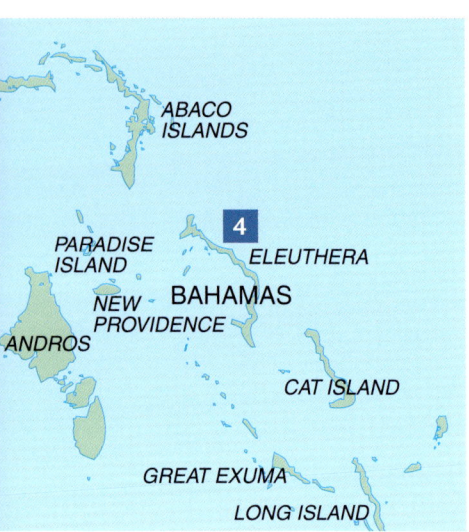

4 Eleuthera

Schnorcheln und Tauchen vom Feinsten

Herrliche, rosafarbene Strände an der Atlantikküste, Tauchabenteuer und für Surfer die »zweitbesten Wellen der Welt« – all das bietet die sichelförmige Insel östlich von New Providence. Im Norden, auf Harbour Island und in Spanish Wells, trifft man Nachfahren puritanischer Siedler aus England. Sie hatten die mächtigen Wellen Mitte des 17. Jahrhunderts zu spüren bekommen und erlitten hier Schiffbruch. Doch kurz darauf gründeten sie die erste Republik der Neuen Welt und gaben ihr den Namen Eleuther(i)a, Insel der Freiheit.

Tarpum Bay ist der Treff für Künstler wie Harvey Roberts und solche, die gern welche wären (unten links). Kunstvolle Muschelschalen und farbenprächtige Rifffische (unten rechts und rechte Seite unten). Im Norden Eleutheras, am White Sand Beach, werden Reiseträume wahr (rechte Seite oben).

Weit ist man hier nie vom Meer entfernt, schließlich geht die 160 Kilometer lange Insel selten mehr als drei Kilometer in die Breite. Und die Dünen, Kalksteinklippen und Höhlen, die einst die indianischen Ureinwohner – sie nannten ihre Insel Cigatoo – und später englische Siedler und deren Sklaven zu Gesicht bekamen, haben sich bis heute nicht wesentlich verändert. Die Korallengärten und Riffe, dazu viele längst überwucherte Schiffswracks stehen bei Schnorchlern und Tauchern hoch im Kurs. Und Sportfischer kommen von weither nach Eleuthera, um hier mit PS-starken Motorbooten auf die Jagd nach den großen Fischen wie Blauen und Weißen Marlins zu gehen oder die Angel von einem gemieteten Boston Whalers nach kleineren Rifffischen auszuwerfen.

Spanish Wellians gelten als die Querköpfe der Bahamas

Rund 11 000 Menschen verteilen sich auf Eleuthera und ihren beiden nördlichen Anhängseln Harbour Island und Spanish Wells, das einst spanische Frachtsegler als letzte Station vor ihrer Atlantiküberquerung angelaufen haben sollen, um hier aus einem Brunnen (englisch = well) ihre Frischwasservorräte zu ergänzen. Heute kommt einem nichts mehr spanisch vor. Besucher fühlen sich eher wie in einem alten englischen Fischerdorf, das wie von Zauberhand in die Tropen versetzt wurde. Bei den Bewohnern anderer Inseln der Bahamas gelten die hiesigen Pinders, Higgs und Malcolms, alles Nachfahren der Puritaner, als starrköpfig und einsilbig. Sie betrei-

OCEAN HOLE

OCEAN HOLE

Rund zwei Kilometer östlich des Örtchens Rock Sound liegt Ocean Hole, ein runder Salzwassersee mit einem Durchmesser von 100 Metern. Grundlos soll er sein, doch moderne Messmethoden haben eine Tiefe von gut 200 Metern ermittelt. Durch verborgene Kanäle und Wege ist er vermutlich mit dem über einen Kilometer entfernten Meer verbunden. Zumindest hebt sich seine Oberfläche mit Ebbe und Flut. Viele Seevögel leben hier und reichlich tropische Fische. Baden ist an diesem ungewöhnlichen Fleckchen erlaubt, nach den Fischen zu angeln nicht. Die lassen sich lieber fotografieren. Zumindest wenn man sie mit Brotstückchen an die Oberfläche lockt.

WEITERE INFORMATIONEN

Webseite mit Inselnews und diversen Links: www.discover-eleuthera-bahamas.com Webseite mit diversen Karten zu Eleuthera, aber auch mit Links zu Sehenswürdigkeiten und Restaurants: www.eleuthera-map.com

ben Landwirtschaft und sehr lukrativen Hummerfang.

Auf dem winzigen Harbour Island erstreckt sich der malerische Hauptort Dunmore Town von einer kleinen Anhöhe hinunter bis zur Küste. Das sehenswerte Clapboard-Gebäude der Commissioner's Residence mit einer umlaufenden Veranda steht auf dem früheren Grundstück der Sommerresidenz des vierten Earl of Dunmore, eines als arroganter Schürzenjäger berüchtigten einstigen Gouverneurs.

Rosafarbene Traumstrände und Gemüseplantagen

Doch nicht die Weißen, sondern die Nachfahren afrikanischer Arbeitssklaven machen den Hauptteil der Bewohner von Eleuthera aus. Sie leben überwiegend vom Obst- und Gemüseanbau, vom Ertrag ihrer Rinder- und Geflügelfarmen sowie vom Fischfang. Eleuthera gilt auch als »Bauch der Bahamas«, doch eigentlich wäre der Titel als Garten, der den Bauch der anderen füllt, geeigneter! Da die Insel an ihrer Ostseite

über exzellente rosafarbene Strände und nicht minder hinreißende Tauchreviere verfügt, entwickelte sich nach und nach ein lukrativer Fremdenverkehr. Verantwortlich dafür sind unter anderem auch die drei Flughäfen North Eleuthera, Governor's Harbour und Rock Sound, die die Insel mit New Providence und Miami verbinden, sowie eine lange Inselstraße, an der von Nord nach Süd alle Orte liegen. Sie kommt übrigens, zum Stolz der Insulaner, ganz ohne Ampel aus. In der Inselmitte schmiegt sich das Hafenstädtchen Governor's Harbour in eine idyllische Bucht. Der mit gut 1000 Einwohnern größte Ort ist das südlich gelegene Rock Sound. Wreck Sound wurde er früher genannt, weil die Bewohner ihr Geld mit dem Ausplündern der Wracks gestrandeter Schiffe verdienten. Heute warten hier bei Cotton Bay und dem Cape Eleuthera neue Ferienzentren mit einem der schönsten Golfplätze der Welt auf Gäste. Und das nördlich von Rock Sound gelegene Fischerdorf Tarpum Bay ist Treffpunkt von Malern und Musikern.

Von der Meeresströmung geformt: Lagunen und Rifflandschaften (oben links). Meditativ: Teehäuschen des Stella Maris Resorts im Blau des Himmels (oben rechts). Sandbänke und Korallenriffe am Cape Santa Maria (rechte Seite unten).

5 Long Island

Kolumbus' Fußspuren am Cape Santa Maria

Long Island war nach San Salvador und Rum Cay die dritte Insel der Neuen Welt, auf deren Strand Christoph Kolumbus 1492 seinen Fuß setzte. Der Wendekreis des Krebses durchschneidet die etwa 100 Kilometer lange, maximal fünf Kilometer schmale grüne Insel. Die zahlreichen Riffe vor den herrlichen Stränden bilden nicht nur beste Tauch- und Schnorchelgründe, sondern wurden bereits vielen Schiffen zum Verhängnis.

Einer der schönsten Punkte, die Besucher auf den Bahamas ansteuern können, ist das Cape Santa Maria ganz im Norden. Vom Denkmal, das an Kolumbus' Landung erinnert und mit einer Inschrift die Liebenswürdigkeit der schnell ausgerotteten Indianer preist, bietet sich ein herrlicher Ausblick über die See und die Insel, der für den kurzen, steilen Aufstieg mehr als entschädigt. In der Ferne lassen sich die Ruinen der Adderley Plantation ausmachen. Englische Royalisten, die nach der amerikanischen Revolution auf die Bahamas ausgewandert waren, hatten auch auf Long Island versucht, mit Sklavenarbeit Baumwollplantagen zu betreiben. Nach dem Scheitern ihrer Träume zogen sie weiter und ließen die Sklaven zurück. So überwiegt auf

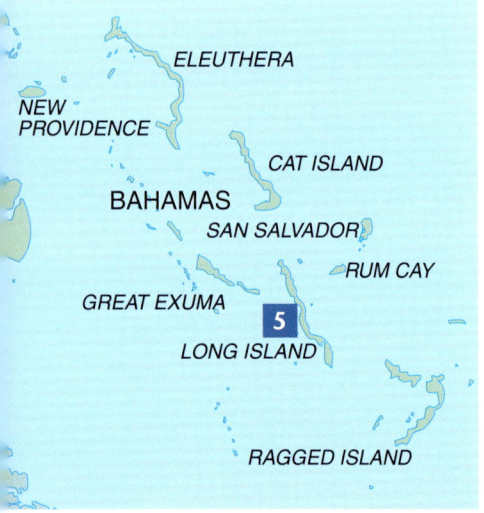

Long Island eine Selbstversorgungswirtschaft mit Gemüse, Süßkartoffeln, Mais und Hülsenfrüchten. Die roten Böden im fruchtbaren Süden werfen Überschüsse ab für den Export von Mangos, Ananas und Bananen nach Nassau. Auch die Garnelenzucht in den alten Salzteichen bei Salt Pond hat die großen Hotelanlagen von New Providence und Grand Bahama im Auge.

Tauchen zu Wracks und Korallenriffen

Das Stella Maris Resorts mit luxuriösen Ferienvillen, eigenem Flugplatz und wenige andere kleinere Hotelanlagen im Norden verschaffen auch einigen hundert der weniger als 4000 Inselbewohner Jobs. Von hier aus starten Tauchexkursionen in die magische Unterwasserwelt

aus Korallenbänken und Unterwasserhöhlen oder zu gesunkenen Wracks. Allein in den Gewässern vor Conception Island, einige Seemeilen nördlich von Long Island, liegen über 30 gesunkene Schiffe, die erkundet werden können. An der raueren Westküste türmen sich Kalksteinklippen, zwischen denen sich einsame Sandbuchten verstecken. An der ruhigen Ostküste laden kilometerlange, einsame, blassrosa bis weißgelbe Sandstrände und das flache, türkisfarbene Wasser der Bahama Bank zum Baden und Segeln ein. Taucher und Schnorchler sind begeistert von den Korallenriffen.

Kirchen und ein »Blaues Loch«

Salt Pond, etwa in der Mitte zwischen Stella Maris und der Inselmetropole Deadman's Cay gelegen, ist mit der alljährlich im Mai stattfindenden Long Island Regatta für Sloop-Segler ein magischer Anziehungspunkt für Hobbysegler und Profis. In der Nähe lassen sich – mit einheimischen Führern – weit verzweigte Kalk-

sandsteinhöhlen mit indianischen Felszeichnungen erkunden, einige von ihnen sind noch nicht vollständig erschlossen. Im idyllischen Clarence Town stehen kurioserweise gleich zwei Kirchen in unmittelbarer Nähe, beide von John Hawes erbaut. Zunächst errichtete der Kirchenarchitekt und Geistliche die anglikanische St. Paul's Church und nach seinem Glaubenswechsel die katholische St. Peter's Church. Später zog es den auch als Pater Jerome bekannten Geistlichen in eine Einsiedlerklause auf Cat Island.

Zwischen Deadman's Cay und Clarence Town liegt eines der tiefsten Blue Holes der Bahamas, der etwa 70 Meter im Durchmesser messende, über 200 Meter tiefe dunkelblaue Schlund von Dean's Blue Hole, der erst jüngst von Tauchern komplett erkundet wurde. Bei Mortimers entdeckte ein Fischer 1988 in einer versteckt liegenden Höhle drei hölzerne Duhoos, zeremonielle Hocker der längst untergegangenen Lucaya-Indianer.

AUSFLUG ZUM BAHAMISCHEN DRACHEN – DIE RINGEL-SCHWANZEIDECHSE

Auf Guana Cay bei Long Island leben noch einige Exemplare des Curly Tail Lizard, Leguane, deren Kringelschwanz wie aufgerollt erscheint. Doch wer mehr und größere Iguanas sehen will, sollte einen Bootsausflug von Nassau, Long Island oder den Exumas nach Allan's Cay buchen. Auf drei Inseln leben drei Dutzend der kleinen bahamischen Drachen, gefährlich aussehende und bis zu 150 Zentimeter große Felsleguane. Doch Menschen gehören nicht zu ihrem Beutemuster, eher Insekten oder Obst. Wer den scheuen Tieren etwas näher kommen möchte, um sie zu fotografieren, sollte einige Äpfel oder Weintrauben dabei haben. Eine Tour von Nassau dauert je nach Bootstyp zwischen einer und drei Stunden.

Die Tiere sind längst unter Naturschutz gestellt. Wer sie jagt und tötet, riskiert einen bis zu sechs Monate langen Aufenthalt hinter »bahamischen Gardinen«.

WEITERE INFORMATIONEN

Private Webseite mit diversen Links: www.stellamarisresort.com

Die Unterwasserwelt in den Korallenbänken ist in der Regel noch intakt (oben links und unten), was der Trawler am Williams Town Beach nicht von sich behaupten kann (oben rechts).

6 Exuma Islands

Eine beinahe endlose Inselkette

Jeden Tag auf einer anderen Insel? Bei den Exumas südwestlich von Eleuthera ist das möglich. Geschätzte 365 meist unbewohnte Eilande reihen sich auf einer Länge von etwa 160 Kilometern wie die Perlen einer Kette aneinander.

Great Exuma und Little Exuma, die beiden größten Inseln, sind mit einer Brücke verbunden. Wer sich der Hauptstadt George Town mit dem Flugzeug nähert, sieht auf eine ganz unwirklich illustre, von grün-, blau-, jade- und türkisfarbenem Wasser und Korallenbänken umgebene Inselwelt.

Im 19. Jahrhundert ließ Lord John Rolle, ein bedeutender englischer Plantagenbesitzer, 350 Sklaven Baumwolle anbauen. Nach dem Ende der Sklaverei zog sich der enttäuschte Lord jedoch zurück, und die früheren Sklaven nahmen Grund und Boden in ihren Besitz.

Aber einmal im Jahr erwachen die Exumas mit ihren rund 7000 Einwohnern aus dem Dornröschenschlaf. Dann wird in den beliebten Gewässern vor George Town die Out Islands Regatta mit den besten Sloop-Seglern der Bahamas ausgetragen. Die Regatta ist

jedes Jahr eine der größten Veranstaltungen auf den Bahamas. Das Event begann 1954 als Wettlauf zwischen den rustikalen Fischerei- und Frachtsegelschiffen der Bahamas.

7 Turks & Caicos Islands

Gepflegter Luxus mit Buckelwalen

Zwischen Januar und April bieten Tausende Buckelwale ein beeindruckendes Schauspiel vor den Turks & Caicos Islands. Sie nutzen die breiten Passagen dieser südöstlichsten Inseln im Bahamas-Archipel auf ihrem Weg zu ihren Paarungsgründen nördlich von Hispaniola.

Wo der Buckelwal tanzt – in der Schutzzone des Princess Alexandra Marine Parc´ kann man von Ende Januar bis Anfang April Nordatlantische Buckelwale hautnah erleben. Ob es ein fröhlicher Lambada oder melancholischer Tango ist (oben rechts)?

Nur sechs der etwa 30 Inseln der noch nicht lange vom Fremdenverkehr entdeckten britischen Kronkolonie sind bewohnt.

Bis vor wenigen Jahren war das karge Dasein der überwiegend afroamerikanischen Einwohner, von denen gut 4000 auf Grand Turk mit seinem Hauptort Cockburn Town und 6000 auf Providenciales leben, noch geprägt von Meersalzabbau und Fischfang. Zu den wenigen, darüber hinaus noch erfolgreichen Betrieben gehört auf Providenciales das Sea Island Center, eine Aqua-Farm zur Aufzucht der sonst nur frei wachsenden schmackhaften Conch-Muschel. Die kleine illustre Schar von Urlaubern hat die Auswahl zwischen vielen kilometerlangen Stränden und farbenprächtigen Korallengärten, nicht zu reden von einigen der luxuriösesten Resorts der Karibik. Taucher finden am 14 Kilometer langen Barriereriff vor der Nordküste von Providenciales sowie an der gewaltigen, 2134 m tiefen Steilwand unter Wasser eine reiche Fisch- und Pflanzenwelt.

Im Kielwasser von Hemingway – Auf der Jagd nach dem großen Fisch

Die Jagd auf große Fische – Marlin, Thunfisch, Wahoo oder Fächerfisch – war eine der lebenslangen Leidenschaften von Ernest Hemingway. In seinen Wohnsitzen auf Key West, Bimini und auf Kuba hatte er sein Jagdrevier direkt vor der Haustür.

Hier starten die sogenannten »Big Game Fishing Capital of the World« (oben). Der Blaue Marlin gilt bei Hochseeanglern als begehrteste Trophäe (unten). Segelboote in der Nähe von Alice Town (rechts oben). Marina und Ferienvillen auf Bimini (rechts unten).

Der mehrstündige Kampf auf Leben und Tod mit den gewaltigen Meerestieren blieb auch zeitlebens ein Thema in den Werken des amerikanischen Literaten und Reporters. In seiner millionenfach aufgelegten Novelle *Der alte Mann und das Meer*, für die er den Pulitzer- und den Nobelpreis erhielt, schildert er den verzweifelten Kampf des alten Fischers Santiago mit einem großen Blauen Marlin.

Das Complete Angler Hotel in Alice Town auf Bimini, Hemingways Domizil von 1935 bis zur Fertigstellung seines eigenen Hauses, war bis zu seiner Zerstörung durch einen Brand 2006 angefüllt mit Memorabilien des legen-dären Autors. Ältere Stammgäste wussten nach ein bis zwei Drinks gerne auch weniger bekannte Anekdoten von Hemingways Fisch-zügen und seinen Zügen durch die Bars der Insel zu erzählen. Im Kielwasser seiner weit-hin publizierten Abenteuer und Exzesse ka-men nicht nur Prominente wie Zane Gray, John Dos Passos, Howard Hughes oder Al Capone auf die Insel.

Der Männlichkeitskult um die Jagd auf die bis zu einer halben Tonne schweren Fische hat Bimini berühmt gemacht als »Big Game Fis-hing Capital of the World«. Hier werden Thunfische gefangen, wenn sie im Golfstrom vor der Insel entlangziehen. Der Fächerfisch hat das ganze Jahr über Saison, der Weiße Marlin wird im Winter und im Frühjahr gejagt. Der Höhepunkt der Angelsaison liegt jedoch zwischen Juni und August, wenn der gewaltige Blaue Marlin beißt. Ausgestattet mit »Kampfstühlen«, auf denen die Angler mit Gurten festgeschnallt sind, damit sie nicht vom Fisch ins Wasser gerissen werden, fahren die großen Boote mit hoher Beobachtungsbrücke und starkem Motor in die tieferen Gründe des Golfstroms oder des Northwest-Providence-Kanals. Der häufig mehrstündige Kampf mit dem Schwertfisch, die Geschichten für die Bar und die Fotos mit dem am Schwanz aufgezogenen Tier an der Pier sind das eigentliche Erlebnis. Wer schon einen ausgestopften Marlin überm heimischen Kamin hängen hat, kann meist mit dem Fang selbst nicht mehr viel anfangen.

Oft genug enden die Fische zerkleinert als Futter für Haie und andere Raubfische.
Der Big Game Fishing Club in Alice Town gilt als Zentrum der »Sportfischer« auf Bimini. Rund 75 Slips bietet allein die hoteleigene Marina. Wer ein Boot heuern will, um seiner Leidenschaft zu frönen, muss tief in die Tasche greifen und rund 800 Dollar für einen Tag auf See hinblättern.
Für Angelfanatiker sind die Bars von Alice Town der Himmel auf Erden. Hier kreisen die Debatten endlos um Marlin, Wahoo, Thunfisch und Barrakuda, um Bonito, Grashecht oder Hai. Hemingway spielt bei den Freizeitsportlern von heute, die dem Tod zumindest in Form eines selbst erlegten Fisches ins Auge schauen, keine große Rolle mehr. Außer beim Angeln und beim Alkohol vermögen sie dem einstigen Vorbild auch nicht nachzueifern.

Der Traum schlechthin: Die Sonne geht dramatisch schön unter, man genießt mit einer kleinen Schar von Freunden oder Kollegen diese stille Stunde auf einem elegant dahingleitenden Zweimaster ...

Im Westin Resort Restaurant versammelt man sich zum »Sundowner« (oben links). Danach geht es auf einen Lime Squash in Hemingways Stammkneipe »Sloppy Joe's« an der Dural Street (oben rechts).

8 Key West

Mit einem Bein in der Karibik

Der Overseas Highway erstreckt sich über 42 Brücken und verbindet eine Kette von 31 Koralleninseln vom Südzipfel Floridas bis in die karibische See. Von hier sind es nur noch 90 Meilen bis zur kubanischen Küste. Key West, Insel und Stadt mit mehr als 25 000 Einwohnern, liegt am Endpunkt dieser Straße über das Meer.

Eine Zuflucht für Künstler, Bonvivants und Abenteurer war Key West schon immer. Einst ernährten sich seine Bewohner vom Ship Wrecking, wie das Ausplündern gestrandeter Schiffe genannt wurde; nach dem Bau von Leuchttürmen traten bald Urlauber an deren Stelle. Schließlich ist das liberale Key West, dessen berühmteste Einwohner einst Ernest Hemingway und Tennessee Williams hießen, schon ein ganz besonderes Fleckchen. Nette Strände gibt es hier und noch bessere Bars. Gute Restaurants, gepflegte Hotels und Pensionen. An vielen von ihnen weht die Regenbogenflagge und signalisiert: »Gays willkommen«. Der Pelican Path, ein ausgeschilderter Fußweg, führt zu den wichtigsten Sehenswürdigkeiten der Insel, vorbei an Museen, den Lieblingsbars von Hemingway und vielen der im stabilen Conchstil erbauten und in Pastellfarben gestri-

chenen Holzhäuser aus dem 19. Jahrhundert. Wichtigstes Inselritual ist das allabendliche Ballyhoo am Mallory Square, wenn sich Gaukler, Musikanten und Urlauber am Strand versammeln, um der untergehenden Sonne zu huldigen.

DRY TORTUGAS NATIONAL PARK: Die Dry Tortugas Ferry (www.drytortugas.com), ein Highspeed-Katamaran, flitzt von Key West 120 Kilometer durch den Golf von Mexiko nach Fort Jefferson auf Garden Key. Der Tagesausflug zum historischen Bürgerkriegsfort führt in den Mittelpunkt des Dry Tortugas National Park (www.nps.gov/drto). Der größte Unterwassernationalpark der USA schützt ein riesiges Korallenriff. Park Ranger bieten Führungen durch die Seefestung an und erklären die Ökologie des Riffs.

INFOS: Florida Key & Key West, Neumarkt 33, 50667 Köln, Tel. 0221/47 67 12 14, www.fla-keys.de

⚓ Miami Cruise Port

Der größte Kreuzfahrthafen der Welt

Eigentlich liegen immer zwei bis drei der Hotelschiffe am Kai, schließlich besitzt Miami den größten Kreuzfahrthafen weltweit. Schneeweiß und riesig sind die Luxusliner gut am Pier vertäut. Von den Mannschaftskabinen bis zum Gebetsraum der Skylight Chapel sind es nicht selten 15 Decks.

Ensemble der Extraklasse: Art-déco-Traum am Ocean Drive (oben links). Auf der Maximo Gomez Plaza in Little Havanna spielen Exil-Kubaner nach wie vor Domino (oben rechts).

Wer auf der Website der Reederei bereits das Bordmanifest ausgefüllt und damit einen Großteil der Formalitäten vorher erledigt hatte, muss zum Check-in an einem der vielen Counter nur noch durch die Passkontrolle. Mit digitalem Fingerabdruck und Foto haben sich die Sicherheitsvorkehrungen auch bei Schiffsreisen in den letzten Jahren verschärft. Rund fünf Millionen Passagiere im Jahr brechen mit den Schiffen acht verschiedener Kreuzfahrtlinien von hier zu ihrer Traumreise in die Karibik auf. So kann sich Miami zu Recht mit dem Titel einer »Kreuzfahrthauptstadt der Welt« schmücken. Schon 1896 ließ der Eisenbahnpionier Henry Flagler den Port of Miami gründen, und kurz darauf startete der erste Liniendienst nach Nassau auf den Bahamas. In den 1940er-Jahren legten Passagierschiffe ab nach Havanna, der Hauptstadt Kubas, und fast 30 Jahre später wurde das erste eigene Terminal nur für Kreuzfahrten eingeweiht. Heute können sieben Schiffe gleichzeitig abgefertigt werden.

MIAMI BEACH: Mit seinen zentral gelegenen Kreuzfahrtterminals bietet sich Miami für einen Aufenthalt vor oder nach einer Kreuzfahrt geradezu an. Im komplett restaurierten Art-déco-Viertel von Miami Beach werden eigentlich immer irgendwo Modeaufnahmen gemacht. In den coolen Bars, angesagten Restaurants und durchgestylten Hotels an der South Beach herrscht bis tief in die Nacht Hochbetrieb. Spitzenmuseen, angesagte Galerien und ein exzellentes Musikangebot halten für Kunst- und Kulturliebhaber einiges bereit.

INFOS: Offizielle Webseite des Hafens von Miami: www.miamidade.gov/portofmiami

Die Großen Antillen

Trotz Armut und schlichtem Leben sind die Kubaner ein stolzes, schönes Volk voller Lebensfreude – Blumenfrauen in der Altstadt Havanna Vieja (oben) – und Musik (unten). Ob's an den herrlichen Stränden liegt (links)? Oder am Rum?

Kuba-Rundreise mit dem PKW

Eine Rundreise mit dem PKW ist prinzipiell möglich, sollte aber gut vorbereitet werden. Der Zustand der Straßen kann sehr unterschiedlich sein, ebenso wie der der Mietwagen. Natürlich hat eine Tour mit einem der gehegten und gepflegten historischen US-Straßenkreuzer einen besonderen Reiz, allerdings auch einen deutlich höheren Preis, denn der Fahrer wird gleich mitgebucht

Havanna (s. S. 48)

Wer die Mauern des Castillo De Los Tres Reyes Del Morro, kurz El Morro, besteigt, wird mit einem Blick auf die silbrig schimmernde Bahia de La Habana und die Silhouette von Havanna belohnt. Die Fassaden der klassizistischen Häuser stehen eng beieinander, die Kuppel des Kapitols schaut über die Dächer. La Habana Vieja, Altstadt, nennt sich das historischen Zentrum von Kubas Hauptstadt, in dem viele hundert Gebäude unter Denkmalschutz stehen, aber wegen begrenzter Mittel nur Stück um Stück restauriert werden können.

Viñales

Auf in den grünen Westen der Insel. Auf der Autopista geht es zügig voran, durch herrliche Landschaften mit Königspalmen, Pinienwäldern und Tabakplantagen. Die Kalksteinhügel im Tal von Viñales sind ungefähr 160 Millionen Jahre alt. Übernachtung in Pinar del Río.
220 Kilometer, ca. 3 Stunden

Matanzas

Zurück nach Nordosten, vorbei an Havanna und entlang der Nordküste zum nächsten Etappenziel Matanzas in der Hafenbucht Bahia de Matanzas, die sich zum breiten Meeresarm der Floridastraße öffnet. Der alte Reichtum der Zuckerbarone, die von hier das weiße Gold Richtung Europa verschifften, ist ob der teilweise abgeblätterten Grandezza ihrer ehemaligen Villen immer noch zu erahnen.
300 Kilometer, ca. 4 Stunden

Cienfuegos

Auf der Carr. Central de Cuba nach Südosten, dann auf der (72) nach Süden und auf der Autopista Nacional A 1 in östlicher Richtung direkt nach Cienfuegos, einer Küstenstadt mit französischem Flair am nördlichen Ende der Jagua-Bucht. Der einstige Reichtum schlägt sich im Stadtbild nieder, in den neoklassizistischen Hausfassaden des Zentrums rund um den Parque José Martí mit der Catedral de la Purísima Concepción und den Villen auf der schmalen Halbinsel Punta Gorda, wenngleich von vielen der Putz abblättert.
200 Kilometer, ca. 3 Stunden

Trinidad (s. S. 51)

Weiter entlang der Küstenstraße (12) nach Südosten. Mit seiner neoklassizistischen Innenstadt, dem alten Kopfsteinpflaster und den pastellfarbenen Palästen seiner einst wohlhabenden Bürger rund um die Plaza Mayor präsentiert Trinidad sich als koloniales Kleinod. Einige der prächtigen Villen führen ein zweites Leben als Museen.
90 Kilometer, 1½ Stunden

Santa Clara

Über den Circuito Sur schnurstracks nach Norden. In Remedios ist eine alte Dampflok zu besichtigen; die Revolutionstrophäe gehörte zu einem Munitionszug der Diktatur Batistas, der von Che Guevara gestoppt wurde. Weiter auf dem Circuito Norte nach Santa Clara, Hauptstadt der Provinz Las Villas. Auch hier hat Che Guevara mit seinen Rebellen erfolgreich die Regierungstruppen bekämpft. Seit Ende 1997 sind die sterblichen Überreste des Guerillero hier in einem Mausoleum beigesetzt.
170 Kilometer, 3½ Stunden

Havanna

Zurück nach Havanna auf der A 1 (300 km, ca. 3½ Stunden) oder zum Badeurlaub nach Varadero auf der A 1, (202) und (101) (230 km, ca. 3½ Stunden).
Diverse Mietwagenrundreisen mit vorgebuchten Hotels bei verschiedenen Reiseveranstaltern, wie DerTour (www.dertour.de), TUI (www.tuicars.com) oder Sprachcaffe Reisen (www. sprachcaffe-reisen.de).

Blick über die Weltkulturerbe Stadt Trinidad. (oben links). Schattenspendende Palmen am weißen Sandstrand (unten).

Abends am Malecón: Sessions reihen sich aneinander. Wer hat, bringt ein Instrument mit und spielt gegen die vorherrschende Melancholie an. Nachts verbindet sich in Clubs, wer den richtigen Hüftschwung beherrscht – hier in der Casa de la Música (oben rechts). Eine mächtige Festungsanlage sicherte einst den Handel mit Gold und Silber (rechts).

10 Kuba

Brüchiger Charme im Weltkulturerbe

Keine andere Insel der Karibik scheidet die Geister so wie Kuba. Für die einen ist es Heimat eines freundlichen Volkes, der besten Zigarren der Welt, von rührend gepflegten US-Oldtimern. Für die anderen eine »Macht des Bösen«, verarmt, mit einem Spitzenplatz bei der Unterdrückung ungeliebter politischer Positionen und kultureller Einflüsse. Rassendiskriminierung dagegen ist offiziell verboten.

Der »Buena Vista Social Club« – ein Katalysator für den Tourismus
Wer auf die Festung El Morro steigt, wird mit einem faszinierenden Blick auf die atmosphärische Altstadt von Havanna mit ihren dicht beieinander stehenden klassizistischen Häusern, auf die Kathedrale am gleichnamigen Platz und den Malecón, die berühmte Uferpromenade, belohnt. Tagsüber bevölkern lange Maxibusse und alte Autos diese pulsierende Lebensader, abends erobern zumeist junge Havaneros und Touristen in einem bunten Gemisch mit Livemusik und Tanz die Küstenstraße, bevor es nachts in einen der zahlreichen Clubs geht. Hier wird noch zu später Stunde Musik gespielt, auch der Son, für den Kuba in den 40er- und 50er-Jahren weltberühmt war. Der amerikanische Gitarrist

Ry Cooder hat dieser Musik in den 1990er-Jahren mit den Dokumentarfilm *Buena Vista Social Club* ein Denkmal gesetzt.
Die größte Antilleninsel erstreckt sich rund 200 Kilometer südlich von Florida in westöstlicher Richtung auf einer Länge von 1250 Kilometern und in einer Breite zwischen 50 und 200 Kilometer. Die Hauptstadt Havanna an der Nordküste liegt nur 150 Kilometer vom US-amerikanischen Key West entfernt. Von den knapp zwölf Millionen Einwohnern – Kuba ist damit die bevölkerungsreichste karibische Insel – leben mehr als zwei Millionen in der Hauptstadt. Ihrer Herkunft nach sind sie zu Zweidritteln Weiße und ein Drittel machen Schwarze und Mulatten aus. Mehr als 17 Prozent der Kubaner sind unter 15 Jahre alt.

Entspannung pur in luxuriösen Hotelanlagen und Rumvariationen genießen (unten). Mit dem Einspänner durch die Straßen Cárdenas (ganz unten). Inmitten der Straßen rund um die Plaza Mayor scheint die Zeit stehen geblieben zu sein (rechte Seite oben). Campesinos sind u.a. als Tabakpflücker unverzichtbar für die Landwirtschaft (rechte Seite unten).

Neuer Glanz als Weltkulturerbe

Heute konzentrieren sich viele Kräfte darauf, das von der UNESCO zum Weltkulturerbe kanonisierte Alt-Havanna zu restaurieren. Wie in Dresden oder anderen Städten im Osten Deutschlands erstrahlen ganze Straßenzüge daher heute wieder in altem Glanz. Dank der Unterstützung durch die UNESCO und des unermüdlichen Einsatzes des Stadthistorikers Eusebio Leal. Auch

lange nach der erfolgreichen Revolution Ende der 1950er-Jahre gegen das korrupte und mafiöse Battista-Regime ist Kubas eigenwilliger Weg noch nicht an einem Punkt angelangt, der Betroffene und Beteiligte nur ansatzweise zufriedenstellen könnte. In dieser Ambivalenz, die in Havanna ihren stärksten Ausdruck findet, liegt eine Spannung, die fesselnd wirkt.

Die Unterhaltungsindustrie läuft auf vollen Touren

Varadero, das bekannteste und populärste Seebad Kubas liegt 140 Kilometer östlich von Havanna auf der, nach einem stacheligen Kaktus Hicacos benannten schmalen Halbinsel an der Nordküste der Antilleninsel. In spanischen Kolonialzeiten ging es hier ausschließlich um Zuckerrohranbau, Sklavenhandel und Viehzucht. Heute steht Varadero vor allem für den 20 Kilometer langen feinsandigen weißen Strand, der als der schönste Kubas gilt.

Die besten Zigarren der Welt

In einer Zeit drastisch durchgesetzter Rauchverbote in vielen Industrieländern mögen sich die Geister inzwischen wohl auch über einen Besuch des für Kubas Wirtschaft bedeutenden Valle de Vinales scheiden. Von Havanna aus geht es über die Autobahn A4 nach Westen und vor Pinar del Rio biegt man nach Norden in Richtung der Sierra de los Organos ab. Bizarre, bewaldete Kalksteinkegel, die Mogotes, weisen auf ein erdgeschichtliches Kapitel hin, das hier riesige Höhlen schuf, deren Decken später durch Erosion einstürzten. Übrig blieben ebene, fruchtbare Flächen, auf denen der grün-silbrig schimmernde, wohl beste Tabak der Welt wächst, der in Pinar zu den besten Zigarren der Welt verarbeitet wird.

In dem von der UNESCO unter Denkmalschutz gestellten Städtchen Vinales leben etwa 28 000 Einwohner. Flache, mit Veranden umsäumte Holzhäuser prägen das Ortsbild. Erstaunlich viele Häuser mit Inschriften von Freimaurerlogen zeugen vom Selbstbewusstsein der früheren Tabakpflanzer. Vinales ist ein guter Ausgangspunkt,

um einige Täler und Höhlen der Umgebung zu erkunden. Im Valle de las dos Hermanas, dem Tal der zwei Schwestern, malte Leovigildo Gonzales, ein Schüler des berühmten mexikanischen Malers Diego Rivera, die Evolutionsgeschichte der Erde auf einen Felsen.

Cuevas de Santo Tomás

Das Höhlensystem von miteinander verbundenen Kavernen, Tunneln und Galerien erstreckt sich über 45 Kilometer. Die mächtige Stalagmiten und Stalaktiten kann man nur mit Führern und entsprechender Ausrüstung (Lampe und Helm werden entliehen) erkunden, da das Tunnelsystem nicht asphaltiert und mit Geländern versehen ist. Ein kleiner Teil wurde für Gruppenbesichtigungen hergerichtet. Buchungen nimmt das Centro de Visitantes an der Straße nach Viñales entgegen, das gleich beim Hotel Los Jazmines liegt.

Trinidad – wie ein historisches Freilichtmuseum

Das koloniale Kleinod Trinidad (Dreieinigkeit) wurde bereits zu Beginn des 16. Jahrhunderts von Diego Velázquez gegründet. Es ist eine der ältesten Städte der Karibik und liegt östlich der bedeutenden Hafenstadt Cienfuegos vor den rund 1000 Meter hohen bewaldeten Bergen der Sierra del Escambray. Mit der neoklassizistischen Innenstadt und ihrem alten Kopfsteinpflaster sowie den pastellfarbenen Palästen rund um die Plaza Mayor wirkt Trinidad wie ein Freilichtmuseum.

Die Plaza gehört sicher zu den elegantesten Plätzen in ganz Kuba. Sie ist von den Paläs-

ten der einst wohlhabendsten Familien Trinidads eingefasst. Deren prächtige Häuser aus dem 18. und 19. Jahrhundert wurden nach der Machtübernahme des Castro-Regimes in Museen umgewandelt. Zu ihnen gehört auch das Museo Humboldt, eine naturwissenschaftliche Sammlung mit Ausstellungsstücken zu den Reisen des deutschen Naturforschers und Humanisten Alexander von Humboldt, der sich 1801 auf Kuba aufgehalten hatte.

Das gelbgetünchte Museo Romántico wurde Anfang des 18. Jahrhunderts gebaut. Es verfügt über eine kostbare Sammlung von Möbeln und Gläsern aus dem 19. Jahrhundert. Das ehemalige Palais der Familie Ortiz beherbergt das Museo de Arqueología Guamuhaya, ein archäologisches Museum mit Funden aus präkolumbianischer Zeit, wozu ein mehr als 2000 Jahre altes Grab samt Felszeichnungen und einem Schädel aus der Sierra, aber auch zahlreiche Fundstücke aus der Epoche der Sklaverei gehören. In der Ende des 19. Jahrhunderts errichteten Kirche Iglesia de la Santísima Trinidad kann man die Figur des Cristo de Veracruz bewundern.

Das historische Quartier ist für den Autoverkehr gesperrt. Die Illusion eines Spaziergangs durch die Geschichte der Antilleninsel wird dadurch noch verstärkt. Doch der Blick in die Vergangenheit ist für den Gemüsehändler, dem ein Esel den beladenen Holzkarren klappernd durch die Stadt zieht, Alltag. Die UNESCO hat die Altstadt des idyllischen Städtchens bereits in den 1980er-Jahren zum Weltkulturerbe erklärt.

CARDENAS

Der kleine ruhige Ort mit seiner wunderbaren Kolonialarchitektur liegt an der gleichnamigen Bay, nur knapp 20 Kilometer südlich von Varadero. Hier wehte vor rund 160 Jahren erstmals Kubas Nationalflagge.
Nicht weit von der Catedral de la Concepción Inmaculada mit wunderbaren Buntglasfenstern gibt das Museo Casa Natal José Antonio Echeverría Einblicke in das Leben vieler Revolutionshelden. Auch das Museo Batalla de Ideas in einem bestens restaurierten Gebäude widmet sich der jüngeren Geschichte und dem Kampf der Ideologien, natürlich aus kubanischer Sicht. Die Statue eines kubanischen jungen Pioniers, der eine Superman-Figur wegzieht, macht deutlich, worauf es hinausläuft. Die Fábrica Arrechabala Rummanufaktur an der Küste der Cardenasbucht gilt als Geburtsort des berühmten Havanna Club Rums. Auch heute wird hier das geschmackvolle Zuckerrohrdestillat hergestellt, das man nach einer Besichtigung verkosten kann.

WEITERE INFORMATIONEN

Cubanisches Fremdenverkehrsbüro,
Stavangerstraße 20, 10439 Berlin,
Tel. 030/44 71 96 58

Die unglaubliche, fast surreale Landschaft lockt Besucher aus aller Welt an.

11 Dominikanische Republik – Las Terrenas, Punta Bonita

Rauschende Kokoswälder und feinsandige Buchten

Zwei Drittel der Antilleninsel Hispaniola nimmt die östlich gelegene Dominikanische Republik ein, im westlichen Drittel schließt sich Haiti an. In dem nach Kuba zweitgrößten Staat der Karibik findet man das höchste Gebirge und mit dem Pico Duarte auch den mit 3150 Metern mächtigsten Berg der Westindischen Inseln. Las Terrenas, mit traumhaftem Strand und entspannter Atmosphäre, auf der im Nordosten gelegenen Halbinsel Samaná, gehört noch zu den Geheimtipps.

Rauschende Kokoswälder, in denen man sich vor reifen Nüssen in Acht nehmen sollte, bucklige Hügel, ein zwischen den kegelkarstigen Bergen versteckter Wasserfall und idyllische feinsandige Buchten auf zierlichen Eilanden: eine Welt wie aus einem Werbespot. Aber es gibt sie wirklich, nicht nur virtuell. Zumindest trifft die Beschreibung auf die etwa 70 Kilometer lange und bis zu 20 Kilometer breite Halbinsel Samaná gänzlich zu. Etwa 15 Kilometer nördlich vom Hafenstädtchen Sánchez liegen die charmanten Siedlungen Las Terrenas und El Portillo inmitten von Hügeln und Palmen. Ihre kleinen Hotels an den insgesamt gut zehn Kilometer langen Stränden Cozón, Punta Bonita, Las Ballenas, Las Terrenas und Portillo sorgen für die idyllischen Reize eines nicht nur von bade- und schnorchelfreudigen Feriengästen genutzten Angebots. Musiker und Künstler, die hier komponieren und malen, kommen ebenso gern in die schönen Buchten wie zivilisationsgeschädigte Marketingexperten und Spitzenmanager sowie Ruhe und Erholung suchende Individualtouristen.

Pfeilhagel für Kolumbus

Eine erst vor einigen Jahren ausgebaute Straße sorgt für ein wenig touristische Infrastruktur. Das verträumte tropische Paradies, das sich hier unter Palmen finden lässt, scheint durch diese Erschließung noch nicht gefährdet. All-inclusive-Resorts fehlen bislang komplett. Ein Grund, warum auch Einheimische ein wenig am Fremdenverkehr partizipieren, auch wenn

Am Strand von Las Terrenas kann man noch in privat geführten Pensionen wohnen (unten). Der »Alcázar de Colón« ist der Palast des früheren Vizekönigs. Der ist aber auf den Bildern nicht zu sehen (rechte Seite oben). Auch in der DomRep gibt es noch einsame Strände (rechte Seite unten).

IM GEFOLGE DER BUCKELWALE

Von Januar bis März ziehen bis zu 3000 Buckelwale zu den Sandbänken vor der Küste Hispaniolas. Die Meeressäuger, die täglich etwa eine Tonne an Fischen, Krebsen und Plankton verspeisen und für ihre melodischen Gesänge bekannt sind, paaren sich in den warmen Gewässern der Samaná Bay, bis sie im Frühjahr wieder nach Norden aufbrechen. Im Folgejahr kehren sie zurück und bringen hier ihre Jungen zur Welt. Über 30 000 Besucher nutzen diese seltene Möglichkeit der Naturbeobachtung. Ausflugsboote starten Walbeobachtungstouren zu den Sandbänken. Zu ihnen gehört Whale Samaná, Avenida La Marina, Samaná, Tel. +1-8 09-538-24 94, www.whalesamana.com

WEITERE INFORMATIONEN

Private Webseite:
www.godominicanrepublic.com/de/samana
Hotel Atlantis
Playa Bonita, Tel. +1/809 240 61 11, http://hotel-atlantis-lasterrenas.com, 18 Wohneinheiten von zwei bis fünf Personen, DZ ab US $ 110.
Nette Anlage im Stil eines alten Herrenhauses am Strand von Playa Bonita. Gartenanlage mit Palmen und schattenspendenden Palmenhütten

hier – wie anderswo – die meisten Hotels und Anlagen, Restaurants und Geschäfte in europäischer Hand liegen. Ausflüge bieten sich vor allem zu Fuß, per Rad oder Pferd ins bewaldete, hügelige Hinterland an, einem Regenwald light. Oder beispielsweise zu dem von kanarischen Auswanderern 1756 gegründeten gemütlichen Hafenstädtchen Santa Bárbara de Samaná, wo 1493 Christoph Kolumbus vor Anker ging. Er wurde nicht mit naiver Neugier, sondern mit einem Hagel von Pfeilen und Wurfgeschossen begrüßt. Die hier lebenden Ciguayo-Indianer mochten geahnt haben, dass ihnen mit ihrer Entdeckung durch die Spanier der Untergang drohte. Die Bucht vor der Provinzhauptstadt trägt seither den vielsagenden Namen Golfo de las Flechas, die Bucht der Pfeile.

Flammen über Santa Bárbara
Bis weit ins 18. Jahrhundert blieb die Halbinsel quasi entvölkert, sieht man von ein paar Seeräubern, die hier Unterschlupf suchten, und einigen Siedlern, die den nährstoffreichen Bo-

den schätzten, ab. Wie Nero einst Rom ließ 1946 der Diktator Rafael Leónidas Trujillo die Holzhäuser Santa Bárbaras niederbrennen. Ausgerechnet die 1901 von amerikanischen Siedlern errichtete protestantische Holzkirche überstand das Feuer. Jedenfalls wurde Samaná wie einstmals Rom in Rekordzeit neu errichtet: großzügiger und moderner als bisher. Präsident Balaguer wollte diesen Gestaltungsdrang in den 70er-Jahren mit Hilfe von Bulldozern weiterführen, mit dem Ziel die Stadt zu einem Magneten für den Massentourismus auszubauen. Zum Glück verlor er mitten in der Planung die Wahlen.

Einen einstündigen Fußweg östlich von Las Terrenas entfernt liegt der Ort El Portillo, was soviel heißt wie kleiner Hafen, wo Riffe spannende Schnorchel- und Tauchmöglichkeiten bieten. Bei einem anderen Ausflug gelangt man per Boot zur malerischen Trauminsel Cayo Levantado. Nach einem hier gedrehten, weit verbreiteten Werbespot für gleichnamigen Rum heißt sie im Volksmund nur Bacardi-Insel.

Im Museumsshop des Rum Museums in Santo Domingo (oben links). Der lauschige Innenhof des Hotel Frances in Santo Domingo lädt zum Träumen ein (oben rechts). Alcazar de Colon, der ehemalige Palast des Vizekönigs beherbergt heute das Vizekönigliche Museum (rechte Seite unten).

12 Dominikanische Republik – Santo Domingo

Karibische Metropole mit langer Geschichte

Mit bald vier Millionen Einwohnern im näheren Einzugsbereich ist die Hauptstadt der Dominikanischen Republik gleichzeitig die bevölkerungsreichste Kapitale der Karibischen Inseln. Die Inselstrände sind nicht weit entfernt, doch die als Weltkulturerbe der UNESCO geschützte Altstadt mit der schon 1540 geweihten und damit ältesten Kathedrale Amerikas sowie dem Palast Alcázar de Colón hat ihren besonderen Reiz.

Die Fortaleza Ozama mit ihrem Torre del Homenaje schützt seit 1503 Stadt und Hafen vor ungebetenen Besuchern: Piraten oder feindlichen Schiffen von Portugiesen, Franzosen oder englischen Freibeutern. So riesig, wie die heutigen Kreuzfahrtschiffe, die am gegenüber liegenden Mündungsufer des Río Ozama anlegen, waren die feindlichen Flotten jedoch bei Weitem nicht. Heute kann die klotzige Festung besichtigt werden, bis in die 1960er-Jahre waren Besucher eher unfreiwillig hier, denn bis dato schmorten die Häftlinge des städtischen Gefängnisses hinter den dicken Mauern.
Die wichtigsten Sehenswürdigkeiten der Altstadt liegen eng beieinander und werden touristisch per Pferdekutsche oder durch den Bummelzug ChuChu erschlossen. Neben dem Fort lockt vor allem der Palast Alcázar de Colón die Besucher. In ihm residierte einst der spanische Vizekönig und ein historisches Museum dokumentiert heute, welchen Lebensstil die hohen Herrschaften damals pflegten. Christoph Kolumbus Sohn Diego hat den prächtigen Bau schon 1514 errichten lassen. Das Museo de las Casas Reales, der frühere Gouverneurspalast, gehört ebenfalls zum geschützten UNESCO-Weltkulturerbe. Eine Ausstellung illustriert die Kolonialgeschichte von Santo Domingo bis in das Jahr 1821. Die Hauptstadt, die zunächst nach der spanischen Königin Nueva Isabela genannt wurde, ließ Bartolomeo Kolumbus, der Bruder von Chris-

Puerto Plata
Santiago
Las Terrenas
DOMINIKANISCHE REPUBLIK
Santo Domingo
Punta Cana
12
ISLA SAONA
Barahona

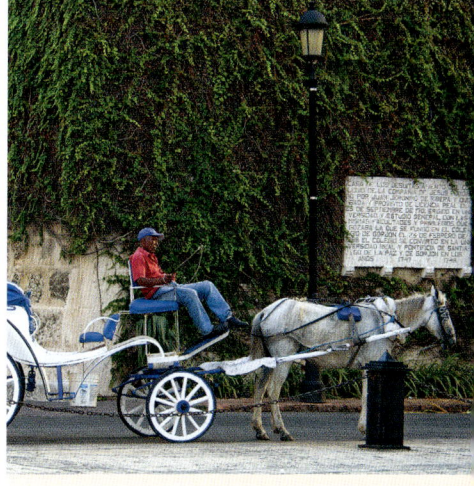

toph, knapp 20 Jahre vorher anlegen, auch die Kathedrale, die mit vollem Namen Basílica Catedral Metropolitana Santa María de la Encarnación Primada de América heißt, stammt aus der ersten Hälfte des 16. Jahrhunderts. Für den Bau von Türmen reichte die Zeit damals offenbar nicht. Zu sehr waren alle damit beschäftigt, nach Goldschätzen zu suchen. Dennoch hat das nicht vollendete Gotteshaus, Sitz des Erzbischofs von Santo Domingo, Architekturgeschichte geschrieben und wurde Vorbild für viele weitere Kathedralen im spanischen Kolonialreich. Auf dem Plaza Colón vor der Kirche erinnert eine Statue an Christoph Kolumbus, den Entdecker der Neuen Welt. Auch die Calle las Damas, einst beliebter Flanierboulevard der spanischen Oberschicht, liegt in der historischen, aber nicht besonders herausgeputzten Zona Colonial. Der museale Charakter des Zentrums wird besonders nach Einbruch der Dunkelheit offenbart, wenn die meisten der Besucher für einen Drink oder eine Mahlzeit unter freiem Himmel lieber andere Quartiere aufsuchen. Malecón, Mole, nennt sich die lange Strandpromenade mit ihren Cafés, Restaurants und Kiosken, die abends erst richtig zum Leben erwacht.

Kolossalbau zur »Ehre von Kolumbus«

Der Faro a Colón östlich des Río Ozama grenzt an den weitläufigen Parque Mirador Del Este. Er gehört weniger wegen seiner Architektur, sondern vor allem Dank der erstaunlichen Ausmaße des kreuzförmigen Monumentalbaus von 240 Metern Länge, 46 Metern Höhe und 34 Metern Breite zu den Wahrzeichen der Hauptstadt. Im Jahre 1992 fertiggestellt, soll es an den 500. Jahrestag der Entdeckung Amerikas für die Europäer durch Christoph Kolumbus erinnern. Ein Museum im Inneren widmet sich fortlaufend allen Staaten des amerikanischen Kontinents, ein Sarkophag nahe dem Eingang soll die Überreste des Entdeckers beherbergen. Gut 150 mächtige Scheinwerfer mit insgesamt 350 000 Watt sollen ein abendliches Lichtkreuz an den karibischen Himmel malen. Geschuldet der unzuverlässigen Stromversorgung funktioniert die Projektion allerdings nicht reibungslos und daher ist immer wieder mit Stromausfällen zu rechnen.

BOTANISCHER GARTEN

Über 200 Palmenarten gedeihen hier und Orchideen finden sich in einem geschützten Sonderbereich in der »grünen Insel«, die sich auf einer Fläche von 180 Hektar im Stadtteil Altos de Galà im Nordwesten der Hauptstadt Santo Domingo ausbreitet. Der im Jahre 1976 eröffnete Jardin Botánico Nacional Dr. Rafael M. Moscoso gehört inzwischen zu den beliebtesten Attraktionen der Hauptstadt, bei Einheimischen und Touristen. Er ist dem Botaniker gewidmet, der als Begründer des botanischen Instituts der Universität die heimische Pflanzenwelt katalogisierte. Spazierwege und eine kleine Besucherbahn führen zu den besonderen Sehenswürdigkeiten: Im Kräutergarten wachsen Dutzende von Heilkräutern und giftigen Pflanzen. Eine riesige Blumenuhr informiert mit fünf Meter langen Zeigern, was die Stunde geschlagen hat. Ein Areal fasst die endemischen Pflanzen zusammen, die nur auf der Karibikinsel gedeihen und besonderen Schutzes bedürfen.

WEITERE INFORMATIONEN

www.jbn.gob.do (spanisch)
www.godominicanrepublic.com/de/santo-domingo
www.domrepinfos.de (deutsch)

13 Dominikanische Republik – Costa del Coco, Punta Cana

Elegante Resorts an Bilderbuchstränden

Spektakuläre breite Sandstrände, gesäumt von Palmen, dazwischen elegante Urlaubsresorts, so präsentiert sich die Küste um das Cabo Engaño, den östlichsten Zipfel der Dominikanischen Republik. Die Strände von Punta Cana sind der Nachbarinsel Puerto Rico zugewandt, die Kokosnussküste zeigt nach Nordosten zum offenen Atlantik. Die Costa del Coco ist atmosphärisch und klimatisch geprägt vom Mittelgebirge der Cordillera Oriental, die die Küstenlandschaft nach Süden begrenzt.

Kaum zu glauben, dass diese Region bis vor wenigen Jahren kaum besiedelt war und zu den weißen Flecken der Tourismusbranche gehörte. Hinter dem über 30 Kilometer langen feinen Sandstrand wurde in Punta Cana eine komplett ausgebaute Infrastruktur mit hochmodernem internationalem Flughafen, Golfplätzen, Spielkasino und weitläufigen All-inclusive-Urlaubsresidenzen mit privaten Strandabschnitten quasi im Eiltempo aus dem von Palmenhainen umsäumten Boden gestampft. Hinzu kommt die gut 60 Kilometer lange und von Korallenriffen geschützte Costa del Coco. Wo sich früher Zuckerrohr im Wind wiegte, sind Paradiese für Urlauber entstanden, die vorwiegend am Wassersport sowie am Strand- und

Nachtleben interessiert sind. Erstklassige Restaurants, Bars, Diskotheken und Animationen reihen sich architektonisch elegant gestylt aneinander, mit farbenprächtig gestalteten Gartenanlagen. Kinderbetreuung ist überall genauso selbstverständlich wie die Tatsache, dass die ebenerdigen Einrichtungen problemlos von Rollstuhlfahrern genutzt werden können. Da überwiegend größere, auch internationale Hotelketten den Hauptteil der Küstenlinien aufgekauft haben, findet man hier nur vereinzelt privat geführte Unterkünfte. Die Urlauber kommen zu zwei Dritteln aus Europa. In Cabeza de Toro, nicht weit vom östlichsten Punkt der Insel am Cabo Engaño, werden an der Plaza Artesanal an diversen Ständen Kunst und Kunsthandwerk aus

Pool des Riu Palace Punta Cana (unten links). In Tracht und Sonntagskleidung (unten rechts und rechte Seite unten) sieht man viele Einheimische auch an Wochentagen. Besonders, wenn sie für Fotos posieren. Palmenplantage nahe der Laguna Limon (rechte Seite oben).

WEITERE INFORMATIONEN ZU PUNTA CANA UND DER COSTA DEL COCO

Deutschsprachige private Webseite zu Punta Cana: www.punta-cana.info mit diversen Links und Reiseangeboten. Dom Rep La Romana Bayahibe:

Hotel Viva Wyndham Dominicus Palace
Bayahibe, La Romana 9999,
Tel. +1/506 638 48 99,
www.wyndham.com, 712 Zimmer in mehreren Gebäuden, ab ca 130 $ p. DZ. Saubere, gepflegte All-inclusive-Anlage direkt am palmenbestandenen Sandstrand. Großzügige und gepflegte Grünanlage, großzügig geschnittene Zimmer mit Balkon oder Terrasse.

Riu Palace, Macao
Playa Arena Gorda Higuey, Pantanal 9999,
Tel. +1/809 221 71 71,
www.riupalacemacao.com,
365 Zimmer ab $ 190 im DZ. All-Inclusive-Resort gleich am Traumstrand mit Kokospalmen fast am Meer, dahinter unglaublich klares, türkisfarbenes Wasser. Diverse Restaurants und Bars, Kasino und Amphitheater, Wellnesseinrichtungen.

der Dominikanischen Republik und aus Haiti sowie allerlei Schnickschnack verkauft.

In Higüey fiel auch der Papst auf die Knie

Sollte sich jedoch ein Gast der Costa del Coco auch einmal im Hinterland verlustieren wollen, bieten sich ihm in einem Radius von einer guten Autostunde genügend Möglichkeiten. Im ein wenig weiter entfernten Nationalpark Los Haitises kann man sich auf die Suche nach den Spuren der Ureinwohner machen oder ab Sábana de la Mar mit dem Boot vorbei an aus dem Meer ragenden Mogotes und Cayos, überwucherten, skurril ausschauenden Kalksteinfelsen und Inselchen, in die zahllosen Kanäle der Mangrovenküste schippern lassen. Anfang Mai, beim lebhaften Patronatsfest des Heiligen Kreuzes (Santa Cruz) lohnt auf dem Rückweg ein Stopp im verschlafenen Örtchen El Seibo, das bereits 1506 gegründet wurde. Eine andere Wahl, auch für einen Tagesausflug, ist die gut 150 000 Einwohner zählende Pro-

vinzhauptstadt Higüey. Deren erhaltener ursprünglicher indianischer Name bedeutet übersetzt »Land der aufgehenden Sonne« und weist darauf hin, dass es hier bereits eine Siedlung gab, als die Spanier 1494 den Ort in Besitz nahmen. Bekannt ist Higüey mit seiner erst 1971 errichteten mächtigen Kathedrale Nuestra Señora de la Altagracia. Der futuristische Bau beherbergt das größte Glockenspiel des amerikanischen Kontinents und gilt mit seinem Marienheiligtum als einer der wichtigsten Wallfahrtsorte Lateinamerikas. Im Innenraum des mit Spannbetonbögen und farbigen Glaswänden architektonisch beeindruckenden Baus ist das Gnadenbild der Jungfrau Maria, das im Jahr 1540 von spanischen Edelleuten hierher gebracht wurde, ausgestellt. Alljährlich, so wie Papst Johannes Paul II. im Jahr 1984, finden sich am 21. Januar Tausende Pilger und unzählige Touristen ein, um der Nationalheiligen Nuestra Señora de la Altagracia zu huldigen.

Paradiesisch, malerisch, märchenhaft, idyllisch: Welchen Begriff auch immer man für den gebotenen Blick aufs karibische Meer wählt, er wird automatisch zum Superlativ!

Die 500 Jahre alte Festung San Cristóbal bietet einen Panoramablick aufs Meer (oben links) und von Seeseite einen majestätischen Anblick (rechte Seite unten). Die herausgeputzte Altstadt von San Juan gehört zu den schönsten der gesamten Karibik (oben rechts).

14 Puerto Rico – San Juan und der Norden

Spanische Geschichte im Hinterhof der USA

Isla del Encanto, zauberhafte Insel, steht auf den Nummernschildern der Autos auf Puerto Rico. Und trotz aller Attitüden des American Way of Life präsentiert sich der von Washington aus regierte karibische Freistaat doch so ganz anders – mit der charmanten Grandezza des spanischen Kolonialismus in der Altstadt von San Juan, mit prächtigen Stränden in der Umgebung und mit dem »El Yunque«-Regenwald gleich südlich der Hauptstadt San Juan.

Das glitzernde, gespaltene San Juan, das sind eigentlich zwei nebeneinander liegende Abbilder der Alten und Neuen Welt an der Nordküste Puerto Ricos. Der moderne, im Osten gelegene Teil erinnert mit seinen Hochhäusern, Hotels, Einkaufszentren, Banken und mehrspurigen Ausfallstraßen an andere uniforme Städte der USA. Viejo San Juan, die auf einer Landzunge zwischen dem Atlantik und der Baia de San Juan Bay gelegene Altstadt, steht mit ihrem Gesamtensemble unter Denkmalschutz. Ihr fast vollständig von einer 15 Meter hohen Stadtmauer umgebenes historisches Zentrum weist Affinitäten zu Havanna auf, ist jedoch deutlich besser erhalten und zudem in weiten Teilen restauriert. Die Plätze sind mit indigo-

blauen Kopfsteinen gepflastert, die einst als Ballast im Bauch spanischer Schiffe über den Atlantik fuhren. Die oft pastellfarbenen Häuser sind fast alle im spanisch-klassizistischen Stil erbaut. Die am westlichen Zipfel liegende, sechs Stockwerke hohe und beinahe 500 Jahre alte Festung Castillo de San Felipe del Morro bewacht den Eingang zur Bay, das 1771 errichtete Castillo de San Cristóbal sichert San Juan zur See ab. Beide sind als Nationale Denkmäler besonders geschützt. Paradas, wie die kleinen gelben Busse genannt werden, befördern Einheimische wie Gäste zum Nulltarif durch die engen Gassen, vorbei an Kirchen und Stadtvillen, restaurierten Paseos, über Plazas und durch Parks. In dem schon im 16. Jahrhundert

begonnenen Bau der Catedral de San Juan liegen die sterblichen Überreste des Koloniegründers und Konquistadors Ponce de León, der 1521 starb. Das sehenswerte Museo del Indio gibt mit Gebrauchsgegenständen und Kunsthandwerk Auskunft über die untergegangenen Kulturen der indianischen Bewohner vor Ankunft der europäischen Eroberer. An der Plaza de Colón erinnert eine überlebensgroße Kolumbusstatue an die Ruhmestaten des einstigen Vizekönigs von Westindien.

Von den etwa vier Millionen überwiegend spanisch sprechenden Puertoricanern leben heute fast 75 Prozent in und um San Juan. Da Puerto Rico sich 1952 in einem Commonwealth-ähnlichen Verbund mit den USA assoziierte und Wirtschaft und Tourismus in rasantem Tempo boomten, gilt die Metropole als eine der fortschrittlichsten und wohlhabendsten Regionen der Karibik. Ohne die Slums, die man trotz des Luxus beispielsweise in Santo Domingo findet.

Sandstrände und Tauchreviere gleich nebenan

Die besten Sandstrände von San Juan locken Besucher im vornehmen Wohnviertel Ocean Park oder in Isla Verde, wo in Rufweite zum

Luis Munoz Marin Airport, dem Drehkreuz für Touristen aus den USA und aus Europa zu den anderen Antilleninseln, ein großes Hotelviertel entstand. Und der nur etwa 15 Kilometer Richtung Osten liegende, von hohen Palmen gesäumte Balneario de Luquillo zählt ebenfalls zu den schönsten Strände auf Puerto Rico. Der 1797 von spanischen Kolonisten gegründete Ort Luquillo, der nach dem indianischen Kaziken Loquillo benannt wurde, bietet eine vom Korallenriff geschützte malerische Lagune und ein mit Duschen und Umkleidekabinen gesäumtes Strandbad.

Nicht weit entfernt liegt das klassische Urlaubszentrum Fajardo, einstmals Piraten- und Schmugglernest und in einem fernen anderen Leben ein einsames Fischerdorf. Die wunderschönen Strände von Fajardo sind mit ihrem klaren Wasser ideal zum Schnorcheln. Auch im Nordwesten von Puerto Rico bieten sich Freunden des Wassersports ganz hervorragende Surf- und Tauchreviere. Highlights finden sich beispielsweise bei Dorado oder Vega Baja mit seinen beiden malerischen Badeständen Playa de Vega Baja und Playa Puerto Nuevo, sowie zwischen Aguadilla und Isabela.

»EL YUNQUE«-REGENWALD

Im El Portal Tropical Forest Center südöstlich der Hauptstadt informieren Schautafeln über die üppige Flora und Fauna des tropischen Regenwalds im Bosque Tropical El Yunque. Meist ist der 1065 Meter hohe Gipfel des El Yunque, in der Mythologie der Arawak-Indianer Sitz des Großen Geistes Yuquiyu, in Wolkenschwaden gehüllt. Die Natur kann man auf 13 angelegten Pfaden erkunden. Bei den Mina-Falls legen viele ein erfrischendes Bad ein. Teak und Ebenholz, Mahagoni, Bambus, Trompetenbäume, Hibiskus, viele Dutzend Baum-, Farn- und Orchideenarten wachsen in dem grünen Pflanzenparadies. Und nach einem tropischen Regenguss, wenn die Natur Atem holt, macht sich auch der winzige Baumfrosch Coquí mit einem lauten »co…kii«-Träller bemerkbar, mit dem er die Vogelwelt mühelos übertönt. Nach der Legende hat der Große Schöpfer Yuquiyu den Frosch der Menschheit zum Geschenk gemacht.

WEITERE INFORMATIONEN

Puerto Rico Tourism Company, c/o Discover the World Marketing, Schenkendorfstr. 1, 65187 Wiesbaden, Tel. 0611/26 76 70, www.seepuertorico.com

Kleine Stege, die in die Lagunen von Parguera
(Puerto Rico) ragen, bieten die Chance,
die reiche Welt unter dem Wasserspiegel zu
beobachten. Oder einfach nur, Ruhe und
Beschaulichkeit zu finden.

15 Puerto Rico – Ponce und der Süden

Kunst, Strände und ein Feuerwehrpalast

Vom 30 Meter hohen Kreuz auf dem El-Vigía-Hügel bietet sich der beste Blick bis zum Meer und auf das mehr als 170 000 Einwohner zählende Ponce, die Perle des Südens. Eine malerische Altstadt mit Bauten des 19. Jahrhunderts gruppiert sich um einen markanten Doppelplatz. Die zweitgrößte Stadt Puerto Ricos wurde Ende des 17. Jahrhunderts gegründet und ist wichtiger Anziehungspunkt für all jene, die ihren Urlaub an den sonnigen Stränden des Südens verbringen wollen.

Die Kathedrale Nuestra Señora de la Guadelope (unten links) überragt die Plaza Central, in deren Nachbarschaft der illustre Feuerwehrpalast – der 1882 erbaute Parque de Bombas ist heute ein Museum – (unten rechts und rechte Seite oben) dominiert. Im Umfeld der Hauptstadt: herrliche Playas (rechte Seite unten).

Die Altstadt von Ponce lässt sich bequem zu Fuß erkunden. Nahezu in der Mitte liegt das aus den beiden Plätzen Plaza Degetau und Plaza Muñoz Rivera gebildete und von Bäumen eingerahmte Areal der Plaza Central. Vor allem zwei Gebäude dominieren das Bild: die 1918 errichtete Kathedrale Nuestra Señora de la Guadelope, ein von Feuer und Erdbeben mehrfach zerstörter Nachbau des Originals aus dem Jahr 1670, sowie in unmittelbarer Nachbarschaft das schwarzrot-gestreifte Feuerwehrhaus Parques de Bombas, das im Jahre 1883 mit sechseckigen Außentürmen und orientalischer Kuppel errichtet wurde. In ihm ist heute ein Feuerwehrmuseum untergebracht.

Im Süden der Plaza liegt die Alcadía, das Rathaus, welches Mitte des 19. Jahrhunderts erbaut wurde. Eines der renommiertesten Museen der Karibik liegt an der Avenida de las Américas. Eduard Durell Stone erbaute es im Jahr 1965. Hier hat der Industrielle Luis A. Ferré den Werken einheimischer Maler und Bildhauer unterschiedlicher Epochen ebenso einen Platz geschaffen, wie denen von Künstlern mit Weltruf, darunter Thomas Gainsborough, Francisco de Goya, El Greco, Peter Paul Rubens, Diego Rodríguez de Silva y Velázquez, Anthonis van Dyck und Jusepe de Ribera.

Für Wassersport und Badefreuden sollte man einige Kilometer auf sich nehmen können. Der Weg führt entweder – etwas weiter entfernt Richtung Ostküste – zu den schöneren Badebuchten von Playa Icacos und zur Playa El Morillo oder – nur wenige Kilometer gen Westen

ÜBERNACHTUNG IM PARADOR

Die puertoricanischen Paradores, Landgast-
höfe, die häufig in restaurierten historischen Gebäuden untergebracht sind, stehen unter staatlicher Aufsicht. Einst wurden
sie, wie im spanischen Mutterland, eingerichtet, um auch nicht vermögenden Rei-
senden preiswerte Quartiere anzubieten.
Mittlerweile gleichen die Zimmerpreise denen von Mittelklassehotels. Geblieben sind
der besondere Charme und die meist vor-
zügliche Lage inmitten der Natur oder im
Zentrum der Orte. Viele Paradores servie-
ren in angeschlossenen Restaurants regio-
nale Spezialitäten, in denen sich spanische
und karibische Küche mischen. Inzwischen
sind einige moderne Unterkünfte hinzuge-
kommen. Da Einheimische selbst gerne in
Paradores übernachten, ist der Kontakt zu
ihnen garantiert. Über das zentrale Vermitt-
lungsbüro kann die Unterkunft in rund 20
Häusern entlang der Küsten und im Hinterland gebucht werden (www.seepuerto-
rico.com/eu/wheretostay/paradores).

WEITERE INFORMATIONEN

Offizielle Webseite der Stadt Ponce:
www.visitponce.com

– nach El Tuque, Balnearios Las Chucharas
oder La Parguera. Letzteres ist weniger wegen
seines legeren Charmes und seiner Stelzenhäusern am Strand als durch seine Bahía Fosfores-
cente bekannt: Vorzugsweise in windstillen
Nächten bieten einzellige Organismen ein ein-
maliges Spektakel: Dinoflagellaten bringen das
Wasser zum Leuchten. Diese Touristenattrak-
tion nennt sich Biolumineszenz und ist sehr
beliebt. Die Unterwasserwelt ist reich an Koral-
lenformationen, Fischarten und rosafarbenen
Seeanemonen. Sie lockt Taucher aus vielen
Ländern der Welt hierher.

Leckerer Fisch in der Sardinenbucht

Wer das Cabo Rojo umrundet, kommt an die
im Südwesten gelegene, von vielen als schönste
Badebucht Puerto Ricos empfohlene Playa de
Boquerón, die Sardinenbucht. Man kann sich
an den Wochenenden, wenn unzählige Ausflügler hierherströmen, der Ironie des Begriffs
kaum entziehen. Den sprechenden Namen hat
die Bucht schon lange, bevor es üblich wurde,
dicht an dicht in der Sonne zu baden. Wer aber
an Tagen mit vielen Tagesbesuchern ein wenig

mehr Ruhe bevorzugt, kann leicht auf die Playa
Buyé oder die ebenfalls mit einer größeren Zahl
von Fischbuden und -restaurants gesegnete
Playa de Joguya ausweichen.

Puerto Ricos Süden bietet jedoch noch andere
Vergnügungen als Strände und Klippen. Als
das Baden im Meer noch nicht in Mode war,
boomten die 15 Kilometer nordöstlich von
Ponce gelegene Baños de Coamo mit ihren
heißen Quellen, deren Heilkraft auch schon
von den indianischen Ureinwohnern geschätzt
wurde. Historiker vermuten hier sogar den
vom spanischen Konquistador Ponce de León
vergeblich gesuchten Jungbrunnen. Und noch
ein Besuchstipp: Nur fünf Kilometer nördlich
von Ponce liegt das Centro Ceremonial Indí-
gena de Tibes, eine vor wenigen Jahrzehnten
unter dickem Schlick und Buschwerk gefun-
dene präkolumbianische Siedlung mit einer
Grabstätte.

Der Norden und Süden Puerto Ricos werden
durch die mautpflichtige Autopista 52 verbunden. Lange Zeit galten die gut 1000 Meter hohen Berge der Cordillera Central als schwer zu
durchquerende Verkehrsbarriere.

Sich an den wunderbaren Stränden bei Mo-Bay herumzulümmeln, ist für Touristen (oben links) und Einheimische (oben rechts) geradezu eine Pflichtveranstaltung. Auch, sich zwischendurch im glasklaren Meer beim Hotel The Caves, Negril, zu erfrischen (rechte Seite).

16 Jamaika – Montego Bay

Reggae, Strand und Lebensfreude

Jamaika ist nicht nur eine Insel. Jamaika ist ein Mythos, mit dem viele den Zauber der Reggaemusik, Strandparadiese, Regenwälder, Zuckerrohrfelder und beste Rumspezialitäten verbinden. Montego Bay, die touristische Metropole, hat in ihrer Bedeutung die Hauptstadt Kingston schon hinter sich gelassen. Urlauber finden hier Sandstrände in weiten Buchten und ein aufregendes Nachtleben. In der Umgebung kann man ehemalige Plantagenvillen besichtigen, ebenso Rumfabriken. Und in Nine Miles, im Hinterland, wurde Bob Marley, der Reggae-Superstar und Rastafari geboren.

Montego Bay, von den Einwohnern knapp Mo-Bay genannt, hat viel zu bieten: einsame wie auch lebhafte Strände, Wasserski und Parasailing vor der Küste, unzerstörte Korallenriffe. Als Übernachtungsmöglichkeiten stehen luxuriöse All-inclusive-Resorts und einfache Herbergen im Stadtzentrum zu Verfügung. Dazu gibt es exklusive Boutiquen, Duty-free-Läden und bunte, lebhafte Straßenmärkte, jamaikanische Gourmetrestaurants und urige Jerk-Food-Imbissstände am Wegesrand, Spuren lokaler Geschichte und das quirlige Treiben auf den Straßen im Zentrum. Im Hinterland finden Ausflügler ursprüngliche Landschaften mit bewaldeten Hügeln, Flüssen und Wasserfällen, einfache Dörfer und prächtige, alte Plantagenvillen.

Christoph Kolumbus, Jamaikas »Entdecker«, hatte bei seinen Expeditionen kein Auge für die landschaftlichen Schönheiten der Antilleninsel. Er war gegenüber den Katholischen Königen in der Pflicht, das sagenumwobene Eldorado zu finden, und suchte nach Gold und Reichtümern. Nicht verwunderlich, dass die wenig an Kokosnüssen interessierte spanische Krone die Insel kaum nutzte und sie 1670 den Engländern fast kampflos überließ. Von den 100 000 in die Sklaverei verschleppten und

WALLFAHRTSORT NINE MILES, BOB MARLEYS GEBURTSSTÄTTE

Bob Marley, Reggaemusiker und Rastafari, hat Jamaika und die jamaikanische Musik in den 1970er-Jahren weltweit populär gemacht. Er war der erste Superstar der Dritten Welt. Als er 1981 an einem Gehirntumor starb und nach Nine Miles überführt wurde, war der Trauerzug 80 Kilometer lang. Neben der Hütte, in der Bob seine Kindheit verbrachte, errichtete seine Familie ein kleines Mausoleum mit dem Bild des früheren äthiopischen Kaisers Haile Selassie und einem Marmorsarg, in dem der Musiker mit seiner Gitarre beigesetzt ist. Und am 6. Februar jeden Jahres ehrt ein Reggaekonzert, bei dem auch viele Familienmitglieder auftreten, die jamaikanische Legende. Die Besichtigung erfolgt nur im Rahmen einer Führung durch das Gelände (www.bobmarley.com).

WEITERE INFORMATIONEN

Offizielle Webseite von Montego Bay:
www.montego-bay-jamaica.com
Jamaica Tourist Board, c/o fastforward-marketing, Schwarzbachstr. 32, 40822 Mettmann bei Düsseldorf,
Tel. 02104/83 29 74,
www.visitjamaica.com

von ansteckenden Krankheiten dahingerafften Arawak lebte da kein einziger mehr.

Zuckerrohr und Peitsche

Vor allem das Zuckerrohr und der daraus gewonnene Zucker verhalfen den Plantagenbesitzern zu märchenhaftem Reichtum. Kein Wunder, dass Jamaika – und vor allem die Region um Montego Bay – im britischen Empire als die Zuckerinsel galt. Auf deren Feldern im Übrigen Zehntausende afrikanischer Sklaven schufteten. Die Unabhängigkeit Jamaikas wurde erst nach drei Jahrhunderten voller Unruhen und Aufstände 1962 besiegelt. Auch wenn die inneren politischen Verhältnisse bis in die 1980er-Jahre in Kingston von blutigen Auseinandersetzungen rivalisierender Parteien geprägt waren, boomte in Mo-Bay der Tourismus und sorgte für Arbeitsplätze und Devisen. Schon Ende des 19. Jahrhunderts hatte der Arzt Alexander McCatty einen kleinen, feinen Tourismus in Montego Bay begründet. Seine Kurbehandlungen basierten auf Mineralquellen, die am Doctor's Cave Beach ins Meer sprudeln. Sein Sanatorium Caribee wurde Anziehungspunkt für wohlhabende Nordamerikaner und entwickelte sich zu einem der exklusivsten Badeklubs der Karibik.

Munteres Stadtzentrum am Sam Sharpe Square

Im bunten, turbulenten Stadtzentrum, rund um den nach einem aufständischen und hier hingerichteten Sklaven benannten Sam Sharpe Square, pulsiert jamaikanisches Leben mit lauter Reggaebeschallung und Märkten, auf denen die Bauern der Umgebung ihre frisch geernteten Produkte verkaufen. Auf dem Craft Market beim Howard Cooke Drive bieten mehrere Dutzend Bambusstände Handgeschnitztes und -geflochtenes an. Auf der Freifläche des Bob Marley Centre findet alljährlich das bezaubernde Reggae Sumfest statt, auf dem die bekanntesten Musiker bis in den frühen Morgen hinein aufspielen.

Seit nunmehr 30 Jahren stehen die umliegenden Korallenriffe und Seegrasfelder unter Naturschutz und werden als Montego Bay Marine Park von Rangern betreut. Um die Korallenbänke zu schützen, gibt es eine Reihe von Auflagen: Boote dürfen hier nur mit geringer Geschwindigkeit fahren; und sowohl Ankern als auch Fischen sind verboten. Schnorchler und Taucher können in diesem Paradies unter acht Gebieten zwischen der sogenannten Arena im Südwesten und dem Rose Hall Riff wählen.

17 Jamaika – Ocho Rios

Urlaubsmetropole mit Wasserfällen

Ocho Rios oder Ochi, wie die rund 14 000 Einwohner ihr früher verschlafenes Fischerdorf an der Nordküste Jamaikas kurz und bündig nennen, hat in den vergangenen Jahren den größten Sprung zu einer Tourismusmetropole gemacht, der nach Mo-Bay zweitwichtigsten. Fischer sieht man am Fisherman's Beach keine mehr und auch keine Schildkröten am kostenpflichtigen Turtle Beach. Dafür aber alles, was das Herz des Wassersportlers höher schlagen lässt.

Die Pier der malerischen, strandgesäumten Ocho Rios Bay wird mittlerweile wie kaum ein zweiter Hafen von den größten Kreuzfahrtschiffen angelaufen. Viermal in der Woche stürzen sich deren Passagiere während kurzen Aufenthalten durch ein Spalier von heimischen Calypso- und Soca-Bands ins Island Village und zu den Attraktionen der Urlaubsmetropole. In dem im Kolonialstil errichteten Ortszentrum rund um den Pineapple Place reihen sich die meisten Geschäfte und Kunsthandwerkermärkte wie der große Crafts Market an der Main Street und am DaCosta Drive. Lohnenswert für eine Besichtigung sind in Ochi außerdem vor allem die anglikanische Kirche und die Geddes Memorial Church im südlichen peripheren Bereich. Ebenfalls im Sü-

den der Stadt findet der Ruhesuchende im Trubel der Geschäftsstraßen eine Oase im Coyaba River Garden, einem botanischen Garten mit Mineralwasserpools, kleinen Bächen, einem Wasserfall und einem dem Park angeschlossenen völkerkundlichen Museum zur indianischen Geschichte. In einer Galerie sind Werke jamaikanischer Künstler ausgestellt.

Hand in Hand durch die Dunn's River Falls

Zwar münden in die türkisfarbene Bucht von Ochi nicht acht Flüsse, wie der übersetzte spanische Name fälschlicherweise verheißt, sondern nur drei, doch die Wasserfälle der Dunn's River Falls, die westlich der Bay 200 Meter tief in wilden Kaskaden an einem der schönsten Strandabschnitte ins Meer stürzen, machen

Sie malerisch zu nennen, wäre fast zu wenig: Dschungelvilla bei Home Bay (unten links), schattenspendende Bambusallee (unten rechts) und Strand beim Charela Inn, Negril (linke Seite oben).

NOËL COWARDS »FIREFLY«

Bei Galina, auf einem 300 Meter hohen Plateau bei Port Maria, hat der britische Autor, Komponist, Maler und Chansonnier Noël Coward von 1948 bis zu seinem Tod im März 1973 gelebt und gearbeitet. Firefly, Glühwürmchen, nannte er sein Anwesen, das einst zum Llanrumney Estate von Sir Henry Morgan, dem berüchtigten Piratenkapitän und späteren königlichen Vizegouverneur von Jamaika, gehört hatte. Den Gästen von Coward, zu denen Marlene Dietrich, Winston Churchill, Errol Flynn, Sean Connery, Audrey Hepburn und die Queen Mum gehörten, bot sich vom Grundstück ein spektakulärer Blick auf Port Maria und bei gutem Wetter bis Port Antonio. Auf Firefly, das heute als Museum zugänglich ist, schrieb Howard unter anderem den Roman *Pomp and Circumstances*, die Komödie *South Sea Bubble* und das Musical *Ace of Clubs*. Noël Coward liegt im Garten begraben. www.firefly-jamaica.com

WEITERE INFORMATIONEN

Private Webseite mit vielen Informationen: www.ocho-rios-jamaica.com

das in jedem Fall wett. Allerdings steht man inzwischen bei jährlich rund einer Million Besuchern nicht selten in einer Schlange, um über die Sinterterrassen Hand in Hand wie bei einem Schulausflug nach oben zu gelangen. Wer kann, sollte diese märchenhaften Fälle in Zeiten besuchen, wenn keine Kreuzfahrtschiffe in der Bucht liegen. Eine besondere Aura entwickeln die etwa einen Kilometer weiter westlich gelegenen kleineren Laughing-Waters-Wasserfälle, in deren erfrischender Gischt sich 1962 im ersten 007-Film *James Bond jagt Dr. No* die Schweizer Schauspielerin Ursula Andress ungewöhnlich dekorativ räkelte.

Beschauliche Attraktionen in der Umgebung

Im Westen führt die Küstenstraße weiter nach St. Ann's Bay. Kolumbus hatte sie einst auf den verheißungsvollen Namen Bahía de Santa Gloria getauft. Der früher wichtige Zuckerrohrhafen hat seine ehemalige Bedeutung jedoch nicht wiedererlangen können. Nur einige Kilo-

meter westlich ließ Diego Kolumbus, der erste Sohn von Christoph Kolumbus, 1515 Sevilla la Nueva, die erste Hauptstadt der spanischen Kolonie Jamaika, gründen. Von der Kirche und einem Gouverneursgebäude sind noch dürftige Spuren erhalten. Das Hinterland hat zwei bedeutende Söhne des heutigen Jamaika hervorgebracht: Der vor rund 30 Jahren verstorbene Reggae-Superstar Bob Marley wurde 1945 in Nine Miles geboren, und im August 1986 kam im Dörfchen Sherwood Content der Sprinterstar Usain Bolt zur Welt.

Im Osten von Ocho Rios lohnt ein Stopp bei der Prospect Plantation. Hier werden Piment und Limonen für den Export angebaut. Auf kleineren Anbauflächen gedeihen Kassava, besser bekannt als Maniok, Otaheiti-Äpfel, Ananas, Zuckerrohr, Kaffee, Kakao und Bananen. Im Garten einer kleinen interkonfessionellen Kirche kann man für ein paar Dollar einen Setzling pflanzen und befindet sich damit in der Gesellschaft von Charlie Chaplin, Winston Churchill oder Henry Kissinger.

Fenky-fenky – Was Englisch von Patois unterscheidet

Wenn es stimmt, dass Menschen beim Fluchen automatisch in ihre Muttersprache zurück-fallen, dann wird nicht nur auf Jamaika eindeutig Patois gesprochen. Auch Jamaikaner, die weiterführende Schulen besucht haben und sich in der Familie gepflegt auf Englisch unter-halten, sind beim Schimpfen plötzlich des Patois mächtig.

Wenn sich Jamaikaner auf den Straßen-märkten der Städte, in Bars, selbst in Banken untereinander verständigen, ist nur we-nig Englisch zu hören. Englisch ist die Amts-sprache, die Zeitungen erscheinen auf Englisch, der staatliche Rundfunk sendet, zumindest die Textbeiträge, in der Sprache der einstigen Kolo-nialmacht. Mit Englisch kommt man (fast) überall weiter. Dennoch machen viele Kinder auf dem Land oder in den Vorstädten von Kingston und Montego Bay erst in der Schule mit der offiziellen Sprache Jamaikas Bekannt-schaft, haben sich vorher meist ausschließlich auf Patois (sprich: Patwa) unterhalten. Nachdem Engländer, Franzosen und Holländer den Spaniern in der Neuen Welt einige Kolo-

nien abgejagt hatten, importierten sie in Afrika geraubte Sklaven für die Feldarbeit auf den ka-ribischen Inseln. Die ursprünglichen Bewohner, Taino und Kariben, waren meist längst ausge-storben. Auf den weitläufigen Plantagen gab es oft viele hundert Sklaven, die eher unterei-nander Kontakt hatten als mit den weißen Auf-sehern und so von deren Sprache selten mehr als die wichtigsten Vokabeln und Sätze erlern-ten. Außerdem gab es keine Schulen für Skla-ven, es war ihnen verboten, Lesen und Schrei-ben zu erlernen.

Da Afrikaner aus verschiedenen Regionen Afri-kas geraubt und nach Amerika verkauft wor-den waren – unter den Sklaven befanden sich u. a. Aschanti, Tiv, Cormorante und Mitglieder

Lebensfreude pur ist in Jamaika Alltag (oben). Port Antonio aus der Luftansicht (unten). Einer der schönsten Wasserfälle der Insel sind die Y.S. Falls (rechts oben). Straßenszene in Kingston (rechts unten).

kongolesischer Stämme –, überlebten auch deren Muttersprachen nicht. In den englischen, französischen und holländischen Besitzungen vermischten sich so Sprachelemente der jeweiligen Kolonialmacht mit verschiedenen afrikanischen Mundarten zu jeweils noch regional unterschiedlichen Dialekten, die als Pidgin, Kreol oder Patois bezeichnet werden.

Das jamaikanische Patois erhielt von afrikanischen Vertragsarbeitern, die nach Aufhebung der Sklaverei im britischen Kolonialreich auf die Insel kamen, durch die an der äthiopischen Kultur orientierten Rastafari versetzt mit einigen Begriffen aus anderen Einwanderersprachen seine besondere Ausprägung. Lange galt Patois auf Jamaika als gewöhnlich, als unfein, war mit seiner Entstehung doch ein sehr dunkles Kapitel der Geschichte verknüpft. Heute hat die rhythmische und bildreiche Umgangssprache über die Texte der einheimischen Musikgruppen die Radiosender erobert, werden auf den Theaterbühnen der Insel viele Stücke auf Patois gespielt. Inzwischen gibt es sogar ein *Oxford Dictionary of Jamaican English*, das Vokabeln und Grammatik sowie deren Entwicklungsgeschichte umfasst.

Auch wer nur kurze Zeit als Urlauber auf Jamaika weilt, wird schnell einige Redewendungen aufschnappen. Es ist besser, als Besucher nicht allzu »fenky-fenky« (unbescheiden) aufzutreten und zu berücksichtigen, dass eine »cockroach no bizness in a fowlyard« hat (eine Küchenschabe nicht über einen Hühnerhof spaziert, also man lieber vor seiner eigenen Tür kehren sollte). Wer sich für etwas Besseres hält und meint, hoch über anderen zu stehen, sollte bedenken, dass »monkey, the higher 'im climb, the more 'im expose« (je höher der Affe klettert, desto deutlicher sieht man seinen Hintern). Sehr eilige und hektische Inselbesucher, gewöhnt an Terminkalender und Zeitmanagement, lernen auf Jamaika, dass es auch anders geht. Hier heißt es »soon come«, wird schon werden.

Erholung versteht sich für den Urlauber im Mockingbird Hill Hotel (oben links) anders als für den Jamaikaner (oben rechts). Aber beide genießen solche Aquarelllandschaften wie die Hügelketten der Blue Mountains in den Morgen- oder Abendstunden (rechte Seite unten).

18 Jamaika – Port Antonio und die Blue Mountains

Faszinierend ursprüngliche Landschaft im Nordosten

Üppige tropische Vegetation, bewaldete, bis zum Meer reichende Ausläufer der Inselgebirge, eine dramatische Felsenküste mit sichelförmigen, von Sandstränden gesäumten Buchten, klare Bergbäche, die in Kaskaden über steile Felsklippen stürzen und nach kurzem Lauf in die karibische See münden, dazu vorgelagerte Inseln mit farbenprächtiger Unterwasserwelt – Port Antonio und Umgebung gehören zu den reizvollsten Landschaften der Karibik.

Der höchste Gebirgszug Jamaikas, die Blue Mountains, zieht sich über den Nordosten der Insel und steigt bis auf eine Höhe von 2256 Metern an. Seine südlichen Ausläufer erreichen die Außenbezirke von Kingston, in denen sich wohlhabende Jamaikaner mit Blick über die Hauptstadt und das Meer niedergelassen haben. Im Norden der blauen Berge erstreckt sich bis zur Mündung des Rio Grande und bis Port Antonio eine der spektakulärsten Regenwaldregionen der Insel. Port Antonio verfügt gleich über zwei Hafenbuchten. Sie sind von Hügeln umsäumt und lediglich durch die Landzunge Titchfield Peninsula voneinander getrennt.

An deren nördlicher Spitze liegt das im 18. Jahrhundert errichtete Fort George. Von hier aus hat man einen schönen Blick auf East Harbour und das vorgelagerte Navy Island, das früher die Marine nutzte. Der Hafen war bis in die 1920er-Jahre Bananenumschlagplatz in die USA. Neben Harry Belafonte, der sein berühmtes *Day-O, Mr. Tallyman* angeblich den Hafenarbeitern widmete, zog es auch den Hollywoodstar Errol Flynn hierher. Der Haudegen in Piratenfilmen wie *Unter Piratenflagge* und *Der Herr der sieben Meere* hatte sich bei einem Besuch mit seiner Jacht »Zacca« in die Stadt verliebt. Angeblich waren er und seine Gäste wie Bette Davis und Ginger Rogers nicht nur für feuchtfröhliche Partys bekannt, sondern auch

Pioniere für den Floßfahrttourismus auf dem Rio Grande.

Badeträume in verschwiegenen Buchten

Östlich von Port Antonio reihen sich malerische Badebuchten wie die halbkreisförmige Turtle Crawle Bay, der smaragdfarbene Frenchman's Cove, das weite Rund von San San Beach mit dem Pelew Island sowie die tiefblauen, von dichter Vegetation gesäumten Bilderbuchbuchten von Blue Lagoon und Dragon Bay mit seinem fantastischen Korallenriff aneinander. An Wochenenden gehören die gebührenfreien Winnifred Beach bei Fairy Hill und Boston Beach zu den großen Anziehungspunkten einheimischer Großfamilien. Letzterer ist berühmt für seine guten Surferwellen und die Stände mit pikantem Jerk-Food beiderseits der Hauptstraße. Schwimmer sollten wegen gefährlicher Strömungen hier besonders vorsichtig sein.

Anders als an den viel besuchten Dunn's River Falls sind am Fuß der John Crow Mountains im Osten nahe des Fischerorts Manchioneal die imposanten Reach-Falls-Wasserfälle frei von Kreuzfahrttouristen. Die Kaskaden und Whirl-pools des Drivers River bevölkern vor allem jamaikanische Besucher.

Artenvielfalt im tropischen Regenwald

Auf dem Rio Grande westlich von Port Antonio werden Fahrten mit Bambusflößen angeboten: Allein rund 70 verschiedene Orchideen, 500 Baumarten, zehn Meter hohe Baumfarne, bis zu 20 Meter hoher Jamaika-Bambus und wilder Kaffee wachsen in dem dichten Regenwald und den Ausläufern der Blue Mountains. Und auf hoch gelegenen Plantagen an den Südhängen wird hier der den Lesern der James-Bond-Romane vertraute vollaromatische Blue Mountain Coffee angebaut. Gourmets sind bereit für diese Spezialität unvorstellbar hohe Preise zu bezahlen.

Der Weg durch die dichtbewaldete Bergwelt zum 2256 Meter hohen Blue Mountain Peak ist einer der aufregendsten Pfade, die wanderbegeisterte Urlauber auf der Insel begehen können. Allerdings sollte man sich nicht allein auf den Weg machen, sondern nur unter kundiger Führung. Angeblich haben Scharfäugige vom höchsten Punkt aus an klaren Tagen schon die Südküste Kubas gesehen.

SCHWARZES GOLD – KAFFEE AUS DEN BLUE MOUNTAINS

Im Schutze der steil aufragenden Gebirgshänge der Blue Mountains liegt die Mavis Bank Coffee Factory. Master Taster, Geschmacksprüfer, verliehen dem Kaffee das Qualitätssiegel »100 Prozent Blue Mountain«. Unter Gourmets genießt der Kaffee einen legendären Ruf, der sich auch in seinem Preis niederschlägt. Bereits seit mehr als 280 Jahren wird auf der Antilleninsel Kaffee angepflanzt, doch nur die in mindestens 600 Metern Höhe angebauten Bohnen dürfen sich mit dem prestigeträchtigen Etikett schmücken. Auch bei der englischen Queen kommt der Blue-Mountain-Kaffee auf den Frühstückstisch.

WEITERE INFORMATIONEN ZU PORT ANTONIO

Private Webseite mit vielen Informationen: www.portantoniojamaica.com
Jamaika San Antonio
Mockingbird Hill
Mockingbird Hill, North Coast Hwy., Tel. +1/876 993 72 67, www.hotelmockingbirdhill.com, 10 Wohneinheiten, DZ ab $ 190 im DZ. Charmante und elegante Herberge 10 km östlich von Port Antonio mit Pool und exzellentem Restaurant. Herrlicher Ausblick.

Östlich von Port Antonio reicht der Regenwald bis an die Küste. Hier reihen sich traumhafte Buchten aneinander. Einige Ferienvillen liegen – wie hier an der Blauen Lagune – direkt am Meer.

Die Strände auf den Caymans sind so rein wie die Gewässer (oben links). Aber wer weiß, ob der Insulaner (oben rechts) nicht eine Briefkastenfirma im sauberen George Town vertritt …

19 Cayman – Grand Cayman

Lange Strände und viele Briefkästen

Klar, viele haben schon von den Cayman Islands gehört, vor allem als Steuerparadies und Sitz von Briefkastenfirmen. Das Inseltrio aus Grand Cayman, Little Cayman und Cayman Brac bildet die Spitze einer dramatischen Tiefseegebirgslandschaft, die bis zu 8000 Meter abfällt.

Dabei lässt sich in den kristallklaren Küstengewässern der flachen Inseln die vielfältige Fisch- und Pflanzenwelt in fantastischen Korallenriffen besonders gut beobachten. Und der Ausflug von North Sound zum Cayman Wall, einer Tausende Meter steil abfallenden Wand, mit möglichem Tauchgang gehört zu einer der beliebtesten Veranstaltungen auf Grand Cayman. In der Hauptstadt George Town auf Grand Cayman leben mehr als die Hälfte der gut 60 000 Caymanians. Hierher kommt der Besucher jedoch nicht wegen der wenig spektakulären Architektur. Schon eher zum Einkaufen oder zum Besuch des Cayman Islands National Museum im restaurierten Gerichtsgebäude von 1833 oder des Cayman Maritime Treasure Museums.

Das Wichtigste ist jedoch der weiche Sand, den man zum Beispiel am tatsächlich nur fünf Meilen langen Strand des Seven Mile Beach genießen kann, wo 1993 im und um das Hyatt Regency Hotel der John-Grisham-Roman *Die Firma* mit Tom Cruise verfilmt wurde.

WAPPENTIER MEERESSCHILDKRÖTE: Als Kolumbus 1503 an den Inseln vorbeisegelte, gab es noch so viele Schildkröten, dass er die Inselgruppe Islas Tortugas, Schildkröteninseln, taufte. Inzwischen wurde das Meer nahezu leergefischt, frei lebende Meeresschildkröten stehen deshalb unter strengem Fangverbot. Doch ein Zuchtbetrieb auf Grand Cayman zieht seit mehr als 30 Jahren Tausende der gepanzerten Reptilien in Bassins und Tanks auf. Doppelziel ist es, die Restaurants mit dem delikaten Fleisch zu versorgen und gleichzeitig mit dem jährlichen Aussetzen von rund 1000 erwachsenen Schildkröten zur Stabilisierung ihres Wildbestands beizutragen.

20 Cayman – Little Cayman und Cayman Brac

Strandhäuser wie impressionistische Gemälde (oben rechts) und Jachthäfen wie Stillleben fotografiert (oben links).

Faszinierende Tauchgründe mit Riffen und Bloody Bay Wall

Die beiden kleineren Schwesterninseln Little Cayman und Cayman Brac sind nur per Boot oder mit einem Kleinflugzeug erreichbar und Ziel von Urlaubern, die Ruhe und Erholung suchen. Das von Mangroven und Palmen umsäumte Little Cayman, auf dem nur ein Dutzend Einheimische leben und sieben Hotels ein gediegenes Angebot an Unterkünften bieten, hat zwischen Jackson's Point und Spot Bay mit seiner berühmten drei Kilometer langen und jäh von etwa acht auf fast 2000 Meter abfallenden Bloody Bay Wall eines der schönsten Tauchparadiese der Welt.

Siedler aus Schottland tauften Cayman Brac mit dem gälischen Wort für Klippe. Die östlichste der Caymans ist nur unwesentlich größer als Little Cayman, beherbergt hauptsächlich an der Nordküste knapp 1900 Einwohner und bietet neben von tropischer Fauna umsäumten einsamen Stränden verzweigte Tropfsteinhöhlen wie Rebecca's, Peter's oder die Bat Cave. Berühmt sind beide Inseln für ihre außergewöhnliche Zahl an Seevögeln, darunter Fregattvögel und die Rotfüßigen Boobies sowie wild lebende Papageien. Die zahlreichen Tauchgründe wurden 1996 um ein künstliches Riff reicher, als vor der Nordwestküste eine russische Fregatte versenkt wurde.

BRAC PARROT RESERVE: Ein 80 Hektar großes Areal des Cayman National Trust auf Cayman Brac schützt den nur hier vorkommenden Brac Parrot. Wenige hundert Exemplare des knallbunten Papageis leben in dem von Bäumen und Büschen bewachsenen Gelände. Ein Wanderweg, der in Teilen den Charakter einer Kletterstrecke annimmt, durchquert das Areal in einer großen Runde. Infotafeln erläutern Flora und Fauna und vor allem die Lebensweise des Papageis, dessen grün-gelb-rot-blaues Federkleid ihn in erstaunlicher Weise tagsüber in den Blättern der Bäume fast unsichtbar werden lässt. Am ehesten macht sich der seltene Vogel frühmorgens und in der Abenddämmerung bemerkbar.

Cienfuegos

Sancti-Spiritus

Trinidad

KUBA

KAIMANINSELN 20

LITTLE CAYMAN   CAYMAN BRAC

GRAND CAYMAN

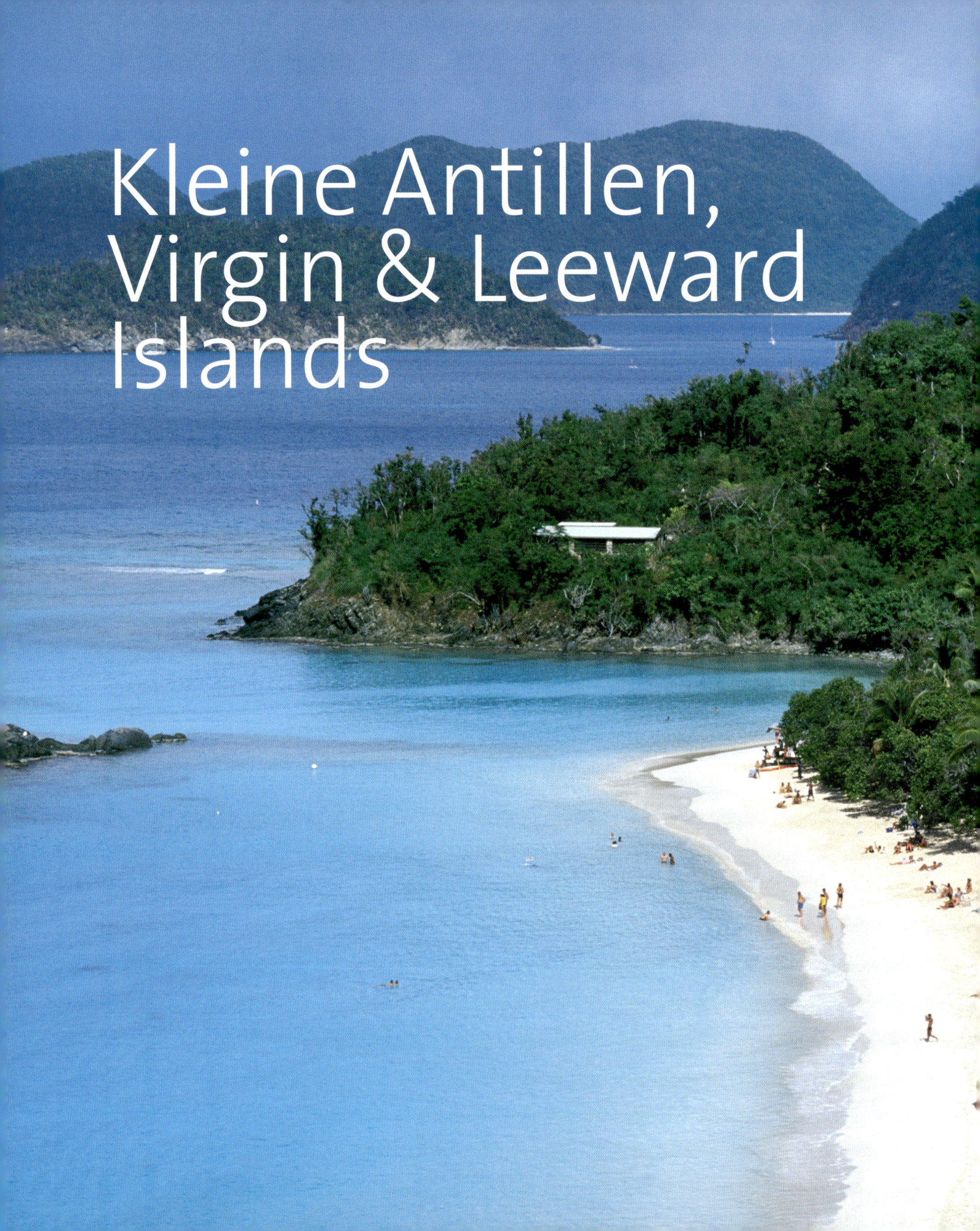

Kleine Antillen, Virgin & Leeward Islands

Exzellente Kombination: karibische und französische Küche, das »La Vie en Rose« in Port Marigot, St. Martin (oben). Motive für Maler: Caribelle Batik Haus, St. Kitts (oben und links).

Antigua

Montserrat

Portsmouth

Guadeloupe Passage

Pointe de la
Grande Vigie

Anse-Betrand

Port-Louis

Ilet à Kohouanne

Grand Cul-de-Sac-Marin

Sainte-
Rose

Vieux-Bourg

Pointe du
Gros Morne

*Grand-
Terre*

Le Moule

La Désirade

Les Abymes

St-François

Pointe-Noire

Basse-Terre

Pointe-a-Pitre

Pointe des Chateaux

Petit-Bourg

Pointe Canot

Île de la Petite Terre

Pointe à Lézard
Bouillante

**Parc Naturel
de la
Soufrière**

Goyave

Guadeloupe 31

Marigot

La Soufrière
* 1467

Marie-Galante

St-Louis

Baillif

St-Claude

Capesterre-
Belle-Eau

Basse-Terre

Trois-Rivières

Grand-
Bourg

Capesterre-de-
Marie-Galante

Vieux-Fort

Pointe
à Launay

Les Saintes

Dominica Passage

A T L A N T I S C H E R

**Cabrits
Nat. Park**

Portsmouth

Marigot

Colihaut

**Northern
Forest
Reserve**

Castle Bruce

Salisbury

St. Joseph

**Central
Forest
Reserve**

30 *Dominica*

Canefield

Roseau

Fort Cachcrou

O Z E A N

Martinique Passage

Basse
Pointe

Grand Rivière

Le Lorrain

Mount Pelée
1397

Ste. Marie

32 *Martinique*

Le Prêcheur

Pointe du Diable

St-Pierre

Presqu'île de la Caravelle

K a r i b i s c h e s

Gros
Morne

Bellefontaine

Le Robert

Fort-de-France Bay

Pointe de la Rose

Baie de Fort de France

Le Vauclin

Les Anses-d'Arlet

Rivière-
Salée

Pointe du Vauclin

Le Vauclin

M e e r

St-Luce

Le Marin

Rocher du Diamant

St-Anne

Cap Ferré

Pointe d'Enfer

Pointe
des Salines

S a i n t   L u c i a   C h a n n e l

Cas en Bas

Castries

33 *St. Lucia*

Margot Bay

La Cave

Dennry

Canaries

Praslin

Soufrière

Micoud

Choiseul

Hewanorra
International Airport

Vieux Fort

S a i n t   V i n c e n t   P a s s a g e

N

0   50 km

St. Vincent

Island hopping in den Kleinen Antillen

Der Emerald Pool, Naturschönheit am Rande des Nationalparks auf Dominica

Per Fähre zu den Inseln

L'Express Des Iles, der Schnellzug der Inseln, nennt sich die Fährgesellschaft, die mit schnittigen, modernen Booten einige der Inseln unter dem Wind und die Jungferninseln miteinander verbindet. Zwei Schiffe, die *Gold-* und die *Silver Express*, können bis zu 360 bzw. 405 Passagiere befördern. Der Fahrplan ändert sich monatlich. Ein kleines Snack-Restaurant mit Bar an Bord ist auf Hungerattacken oder schlimmsten Durst eingestellt. Ein Sonnendeck am Heck sorgt für Urlaubsbräune (ein starker Sonnenschutz wird empfohlen). Es ist wichtig, daran zu denken, dass die Tour von Insel zu Insel gleichzeitig von einem Staat zum nächsten geht, ohne gültige Papiere bei der Grenzkontrolle und Beachtung der Zollvorschriften läuft also nichts.

Start ist in **St. Lucia**. Auf der entfernt wie eine Mango geformten Insel leben 180 000 Menschen, die Hälfte von ihnen im direkten Einzugsbereich der Hauptstadt Castries. Erst seit 1814 wurde das tropische Paradies dem britischen Kolonialreich zugesprochen, nachdem es in den 150 Jahren zuvor immer wieder zu den französischen Überseebesitzungen gezählt hatte. Seit 1979 ist der Inselstaat unabhängig und Mitglied des Commonwealth. Beim Jazz & Arts Festival im Mai wird auf großen Bühnen, aber auch in Rum-Bars oder Open-Air auf der Straße gespielt. Ein zügiger Trip von rund eineinhalb Stunden nach Norden durch angenehm ruhige See und **Martinique** ist erreicht. »Insel der Blumen« wird sie auch genannt; Martinique ist keine Kolonie, sondern französisches Übersee-Département. Überall auf der Insel blühen sie: Hibiskus, Frangipani, Bougainvillea, Flamingoblumen, Weihnachtssterne und Orchideen. Daneben gedeihen Guaven, Mango, Papaya und dazu Bananen, Ananas, Zuckerrohr, Zimt und Kaffee. Der Rum aus Martinique hat weltweit einen exzellenten Ruf. Zum »Vaval«, dem Karneval, ist die ganze Insel auf den Beinen. Paraden, Maskeraden, Musik

überall, das öffentliche Leben kommt komplett zum Erliegen. Gut 90 Minuten vor dem Ablegen am Kai zu sein, kann sich auszahlen. Denn viele haben Gepäck dabei und auch die Pässe werden kontrolliert. Dann wieder rund eineinhalb Stunden Seereise, dieses Mal durch kabbeliges Wasser, was nicht jeder Passagier verträgt. Doch die Crew zeigt sich professionell und effektiv.

Dominica ist im Gegensatz zu anderen Inselstaaten aus dem früheren britischen Kolonialreich kein Mitglied des Commonwealth, sondern eine unabhängige Republik. Der von der UNESCO als Welterbe anerkannte Nationalpark Morne Trois Pitons birgt mit dem aus dem vulkanischen Untergrund geheizten »kochenden See« östlich der Hauptstadt Roseau eine besondere Naturattraktion. Während der »Kalinago Week« im September geben die letzten Kariben der Karibik einen Einblick in ihre vergessene Kultur. Gut zwei Stunden und die Fähre ist von Roseau im Südwesten von Dominica nach Pointe-à-Pitre auf Guadeloupe navigiert.

Die acht bewohnten Inseln von **Guadeloupe** grenzen den Atlantik von der karibischen See ab. Die beiden nur von der Wasserstraße Rivière-Salée getrennten Hauptinseln Basse-Terre und Grande-Terre unterscheiden sich deutlich. Das leicht hügelige Grande-Terre liegt auf einem Kalksteinuntergrund, Basse-Terre dagegen ist eine vulkanische Insel mit hohen Bergen und tropischem Regenwald. In den Tagen vor Aschermittwoch ist auch hier die Hölle los. Insulaner in fantastischen Verkleidungen bevölkern die Straßen und am Karnevalsdienstag übernehmen tanzende, schwarz und weiß gekleidete Teufel die Regie. Als Höhepunkt wird abends die Stoffpuppe des »Königs Vaval« verbrannt.

L'Express Des Iles, Cox & Company Ltd., PO Box 88, Castries, St. Lucia, W.I., Tel. +1/758 456 50 22, www.coxcoltd.com/lexpress-des-iles

UNTERWEGS AUF GUADELOUPE

Der 1989 gegründete Nationalpark befindet sich auf der Unteren Insel/Basse-Terre. Er ist mit 17 000 Hektar der größte in der Karibik. Ein Netz mit rund 300 Kilometer Wanderwegen führt sowohl zum Vulkan von Soufrière (1467 m) als auch zu Wasserfällen und zum Meeresnaturreservat Grand Cul-de-Sac Marin. Ein guter Ausgangspunkt für Wanderungen ist das Maison de la forêt mit Picknickplatz an der Durchgangsstraße zwischen Petit-Bourg und Pointe-Noire mitten im Nationalpark.

Kreuzfahrttouristen zieht es nach St. Thomas. Inselausflüge führen zu Aussichtspunkten mit Panoramablick wie hier über die Magens Bay (oben links). Blick auf Charlotte Amalie, die Hauptstadt der Insel-Welt zwischen St. Thomas, St. Croix und St. John (oben rechts und rechte Seite).

21 St. Thomas

Weltoffenes Tauchparadies mit Zollfreiheit

Der Skyline Drive zieht sich auf dem Kamm der rund 400 Meter hohen Hügelkette entlang. Von hier blickt man auf das leuchtende Grün der Wälder, die Häuser der Hauptstadt Charlotte Amalie und die weißen Strände. St. Thomas ist die zweitgrößte der Jungferninseln, der US-amerikanischen Virgin Islands. Der Hafen war aber schon im 18. Jahrhundert als Warenumschlagsplatz und als Sklavenmarkt bekannt. Mit gut 50 000 Einwohnern beherbergt St. Thomas die Hälfte der 140 000 Virginen.

JUNGFERN-
INSELN

ST. THOMAS **21** VIRGIN
San Juan GORDA
(GB)

TORTOLA ST. JOHN
(GB)

SABA (NL)

PUERTO
RICO ST. CROIX

Als der Entdecker Christoph Kolumbus 1493 das Archipel zum ersten Mal anlief, assoziierte er offenbar die jungfräuliche Natur mit der Legende von der heiligen Ursula und den 11 000 Jungfrauen, weshalb er die Inselkette auch Las Once Mil Virgenes taufte. Die Neugier und das Interesse an den anmutigen »Jungfern« ließen jedoch schlagartig beim Entdecker nach, als seine Männer auf St. Croix mit einem dichten Hagel von Wurfgeschossen begrüßt wurden. Erst in der Mitte des 17. Jahrhunderts besiedelten dann britische und französische Bauern die Inseln, die anschließend mehrfach den Besitzer wechselten, darunter unter anderem Spanier, Briten, Franzosen, der Malteserorden und die französische Westin-

dien-Kompanie. Im Jahr 1733 ging St. Croix sodann in den Besitz der Dänischen Krone über, die schon 1666 die Inseln St. Thomas und St. John in Besitz genommen hatten. Im Jahr 1917 schließlich zahlten die USA für das Inseltrio samt diverser Nebeneilande sage und schreibe 25 Millionen Dollar.

Die europäischen Kolonialmächte gaben sich die Klinke in die Hand

Diese spanisch-französisch-britisch-dänisch-amerikanische Geschichte hat in Charlotte Amalie amüsante Spuren eines Kulturgeflechts hinterlassen, das es so nirgends auf der Welt gibt. Die 1730 nach der dänischen Königin getaufte Hauptstadt hieß vorher im Volksmund

Tap Hus, Rumhaus. Der hochprozentige Zuckerschnaps ist immer noch überall präsent, in Kneipen und Liquor Stores. In der Kolonialarchitektur und bei der Bezeichnung der Straßen machen sich noch die Einflüsse der dänischen Kolonialgeschichte bemerkbar. Da folgt auf die Storetvaer Gade, die Royal Dane Mall und die Trompeter Gade zwischen der Raadet's Gade und der Dronningen's Gade.

Schon im 18. Jahrhundert zeichnete sich St. Thomas durch sehr große Weltoffenheit aus. Denn neben den Kirchen der Lutheraner, der Reformierten, der Methodisten und Katholiken beherbergt die relativ kleine Stadt beispielsweise auch die jüdische St.-Thomas-Synagoge. Dem ersten Bau von 1796 folgte 1833 an der Crystal Gade der Nachbau, die älteste Synagoge auf US-amerikanischem Einflussgebiet. Auf dem Market Square wurden zu dem Zeitpunkt noch Sklaven verkauft.

Magens Bay – Versteck für Francis Drake

Als schönste Bucht gilt Magens Bay an der Nordküste, die durch einen Hügel von Charlotte Amalie getrennt ist. Um die malerische Bucht in ihrer ganzen Pracht zu überschauen, lohnt ein Besuch von Drake's Seat, dem Aussichtspunkt des legendären englischen Freibeuters und späteren Admirals Francis Drake, der mit dem Wohlwollen der britischen Krone spanische Schiffe kaperte und später England im Ärmelkanal gegen die riesige Armada Philipps II. von Spanien verteidigte. Auch heute läuft St. Thomas regelmäßig eine Armada an, allerdings eine von Kreuzfahrtschiffen. Denn neben der landschaftlichen Schönheit präsentieren sich die Inseln den Passagieren dank virginischer Zollfreiheit als inselgroßer Duty-free-Shop.

Im Westen und Nordwesten liegen zwischen wunderschönen Korallenriffen und kleinen Inselchen wie Outer und Inner Brass sowie im Osten Thatch Bay fantastische Tauchreviere. Bei Coki Beach kann man in dem sechs Meter unter der Meeresoberfläche eingerichteten Observatorium Coral World Ocean Park trockenen Fußes unter anderem Riffhaie, Barrakudas und Rochen beobachten – deren Artgenossen zudem filetiert im angegliederten Restaurant auf dem Teller liegen. Insgesamt können Taucher unter 200 dive sites wählen, darunter befinden sich Höhlen, Riffe, Felswände, mehrere Schiffs- und sogar ein Flugzeugwrack.

WESTINDISCHE KÜCHE – MELONENFRUCHTSALAT UND CO.

Die Geschichte wechselnder Kolonialherren hat auch auf die Küche von St. Thomas abgefärbt. Die Restaurants von Charlotte Amalie und St. Thomas gehören zum Besten (leider nicht zum Billigsten), was die westindischen Inseln zu bieten haben. Im Agavé Terrace (www.pointpleasantresort.com), am östlichen Ende von St. Thomas, sollte man mit dem Hausdrink Desmond Delight – einem Mix aus Midorilikör, Rum, Ananassaft und einer geheimen Zutat – starten. Es folgen delikat zubereitete Meeresfrüchte, Shrimps, Conchmuscheln oder eine lokale Fischplatte. Im Fish Tales Bar & Grill trifft man auf viele Einheimische. Hier steht auf der Karte, was kurz zuvor gefangen wurde, von Austern aus den Gewässern von Prince Edward Island in Kanada bis zu gegrilltem karibischen Hummer (6501 Red Hook Rd, Red Hook, St Thomas 00802, Tel. +1/340 71 43 188, http://fishtailsvi.com).

Ein Blick auf die Inseln des Virgin Islands National Park mit Meerjungfrau. Inselhopping mit kleinen Fähren und Jachten gehört für Einheimische zum Alltag (oben links und rechts).

22 St. John

Entspannte Karibikatmosphäre und viel Natur

Rund zwei Drittel der kleinsten der Jungferninseln wurden bereits Mitte der 50er-Jahre des letzten Jahrhunderts zum Nationalpark erklärt. Der amerikanische Milliardär Laurance S. Rockefeller hatte große Teile der dänischen Zuckerrohrinsel aufgekauft und renaturieren lassen.

JUNGFERN-
INSELN
San Juan ST. THOMAS VIRGIN GORDA (GB)
22
TORTOLA ST. JOHN
(GB)
SABA (NL)
PUERTO RICO ST. CROIX

Die Vegetation musste nach drastischen Rodungen zugunsten der Plantagenwirtschaft erst wieder heimisch werden. Damit wurde St. John etwas zurückgegeben, was den anderen Inseln zum selben Zeitpunkt schnell verloren ging: jungfräuliche Ruhe! Kreuzfahrttouristen, deren schnelllebige Aufenthalte das Gleichgewicht auf vielen kleinen Eilanden durcheinanderbringen, sind hier Mangelware. Im kleinen Hauptort Cruz Bay gibt es wenige Sehenswürdigkeiten für Tagestouristen, von ein paar entspannten Restaurants und Bars einmal abgesehen. Und ein Cruz Bay Visitors Centre, das Vorträge über die Entwicklung des Nationalparks anbietet, besonders nach dem verheerenden Hurrikan »Marilyn« im September 1995. Gleich mehrere idyllische Strände wie die Trunk Bay, die als einer der schönsten der Karibik gilt, und Maho Bay garantieren

Ruhe und Erholung. Ebenso die Strände von Hawk's Nest Bay, Caneel Bay, der Reef Bay mit ihren guten Schnorchelmöglichkeiten oder der Cinnamo Bay, an der Surfer beste Bedingungen finden.

VIRGIN ISLANDS NATIONAL PARK: Bei der Trunks Bay haben Nationalpark-Ranger einen Unterwasserpfad für Schnorchler angelegt. Außerdem wird mehrmals die Woche von Rangern ein sogenannter Reef Bay Hike angeboten, der Flora und Fauna mehrerer Klimazonen durchquert. Der Nationalpark wurde bereits 1956 gegründet, und inzwischen hat sich die Natur recht gut vom Raubbau durch das Zuckerrohr erholt. Wanderwege von mehr als 30 Kilometern Länge durchqueren den Nationalpark. Einige führen an den Überresten einer früheren Zuckerrohrmühle vorbei (www.nps.gov/viis).

23 St. Croix

Schnorcheln und Golfen in der »dänischen« Karibik

St. Croix, die südlichste und größte der drei Jungferninseln, ist per Flugzeug oder Speedfähre vom 60 Kilometer entfernten St. Thomas aus erreichbar. Taucher und Schnorchler finden auf Buck Island, an der Sugar Bay und an der Westküste reizvolle Reviere.

In einigen exklusiven Urlaubsresorts im Carambola Golf Resort auf St. Croix kann man in tropischer Kulisse Golf spielen. Auf dem in der US-Golfszene wohlbekannten Gelände (www.golfcarambola.com) ließen früher die Dänen Zuckerrohr anbauen.

Nach ihrer Entdeckung durch Christoph Kolumbus 1493 wurden auf der Insel zunächst niederländische und britische Siedler heimisch. Nach einem etwa 100-jährigen Gastspiel der Franzosen als Kolonialherren kauften die Dänen 1733 St. Croix und residierten zwei Jahrhunderte auf der Insel, die sie mit Zuckerrohrplantagen überzogen. Der Handel mit dem süßen Produkt florierte und machte besonders die Dänisch-Westindische Kompanie reich. Als der Markt zusammenbrach, verkauften die Dänen St. Croix nebst ihren Schwesterinseln an die USA. Spuren der skandinavischen Einflüsse findet man, in den beiden Hauptorten Christiansted und Frederiksted zum Beispiel in der typischen Kolonialarchitektur des 18. und 19. Jahrhunderts. In einer durch vorgelagerte Korallenbänke geschützten Bucht errichteten die Dänen 1749 das strahlend gelb gestrichene Fort Christians-

værn, das heute als Museum einen Einblick in die Geschichte der Kolonialisierung bietet. Das Government House gilt neben dem Scale House, wo die Stadtwaage untergebracht war, und dem früheren Zollamt Customs House als bestes Beispiel dänisch-karibischer Holzarchitektur.

AUSFLUG NACH BUCK ISLAND: Empfehlenswert ist ein Ausflug im Glasbodenboot zur Buck Island an der Nordküste. Die Insel und ihre Umgebung unter der Wasseroberfläche sind als Buck Island Reef National Monument besonders geschützt. Die letzten Meter zum hellgelben Strand kann man schwimmen oder durchs warme Wasser waten. Ein Rundweg durch das Inselgestrüpp dauert rund 45 Minuten. Doch der eigentliche Reichtum liegt unter Wasser, mit einem herrlichen Korallenriff, einem Paradies für Schnorchler und Taucher (www.nps.gov/buis).

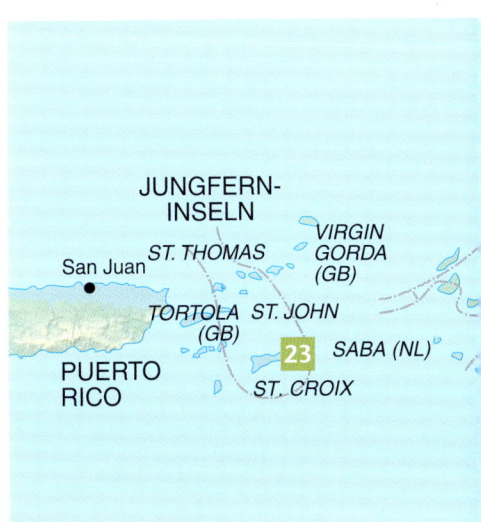

Der Stoff und die Farben, aus denen die Träume sind: Wolkenberge,
Inselberge, klare fischreiche Gewässer in Blauweißgrüntürkis – Blick
von St. John auf die Virgin Islands.

Echsen (oben rechts) gibt es noch reichlich auf den größeren und kleineren Inseln
des Jungfernarchipels (oben links).

24 Tortola

Treffpunkt für Kreuzfahrer und Jachten

Die British Virgin Islands sind nur 20 Bootsminuten östlich der US Virgins in die karibische See getupft. Tortola, ihre größte Insel, sowie die Inseln Virgin Gorda, Jost van Dyke und das etwas entfernt liegende Anegada im Nordosten waren mit rund 50 kleineren Inseln und Atollen legendärer Unterschlupf für gefürchtete Seeräuber wie Francis Drake.

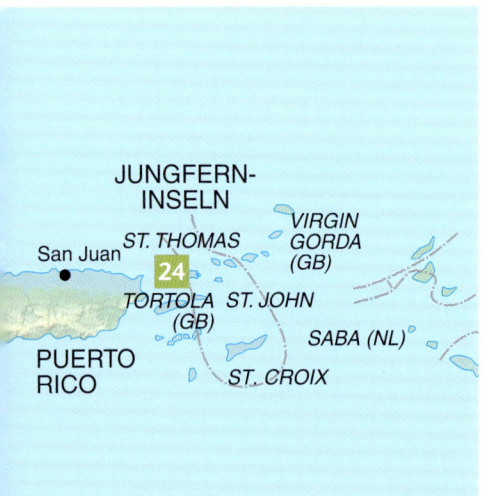

Die meisten der bewaldeten, hügeligen Eilande sind unbewohnt. Gut ein Drittel der knapp 25 000 Einwohner lebt im Hauptort Road Town auf Tortola. Am Pier machen regelmäßig Kreuzfahrtschiffe fest. Früher dienten die vielen versteckten Buchten und Höhlen Tortolas Schmugglern und Piraten als Versteck. Während im Norden der Insel neben Palmen Bananen und Mangos bis an die Strände heranwachsen, erhebt sich im Südwesten der noch immer britischen Kolonie mitten im Regenwald der höchste Berg des Archipels, der 543 Meter hohe Mount Saga. Von hier aus hat der Besucher den fantastischsten Blick über die umliegenden Buchten, Riffe und Inselchen. An klaren Tagen reicht er bis auf die nach einem Piraten benannte Nachbarinsel Jost van Dyke mit ihren malerischen Stränden. Um das West End mit der vorgelagerten Frenchman's Cay und schönen Stränden wie Apple Bay und Carrot Bay liegen die meisten Hotels.

Guana Island

Das knapp 3,5 Quadratkilometer kleine Guana Island (www.guana.com) ist als privates Wildschutzgebiet ausgewiesen. Für Biologen und Zoologen birgt das Inselchen mit seinen bewaldeten Hügeln und mehreren Pudersandstränden einen ungewöhnlich großen Tierreichtum. Wilde Esel und Fledermäuse, dazu Flamingos, Falken und Meeresschildkröten finden hier einen Heimat.
Auf dem nordöstlich von Tortola gelegenen Eiland findet man nur eine, allerdings sehr exklusive Hotelanlage, den Guana Island Club, und das schon seit rund 70 Jahren.

25 Virgin Gorda

Riesenkiesel am Palmenstrand

Gerade einmal 4000 Einwohner verlieren sich auf der nordöstlich von Tortola liegenden »Fetten Jungfer«. Deren zwei Teile sind durch eine schmale, flache Landzunge verbunden, auf der sich der Virgin Gorda Yacht Harbour befindet. Im 17. Jahrhundert ließen sich hier spanische Siedler nieder, woran noch der Name des Fährhafens, Spanish Town, erinnert.

Atmosphärisch und architektonisch ist davon jedoch nicht viel übrig geblieben. Neben der Bedeutung als Anlaufpunkt für Feriengäste starten hier Wanderungen zum sogenannten Baths, dem meistbesuchten Strand der Virgins. Hier liegen spektakuläre Monolithen – wie von Riesenhand aufs Meer gekullerte Monsterkieselsteine – mitten zwischen den Palmenhainen. Die Felsbrocken haben Durchmesser von bis zu zwölf Metern. Dazwischen, ähnlich wie in Spring Bay und The Crawl, Kanäle, Bassins und vor allem Uferhöhlen. In den Korallengrotten finden Taucher ein einzigartiges Labyrinth. Der Höllenpfad zum einstigen Piratenunterschlupf Devil's Bay führt zu einem unterirdischen See im Zentrum der Insel. Erste Unterkunft am Platz ist das Mitte der 60er-Jahre des letzten Jahrhunderts von

Laurance S. Rockefeller projektierte »Little Dix«, ein malerisch in eine Bucht integriertes Hotel der Luxusklasse.

BITTER END YACHT CLUB: Der bei Seglern legendäre Bitter End Yacht Club liegt im Nordosten der vielbuchtigen Insel. Wer sich in dem besten Segel- und Tauchresort der British Virgins einmietet, hat unbegrenzten Zugriff auf die hoteleigene Flotte von Jachten, Boston Whalers und Windsurfbrettern. Auch ein kostenloser Segel- oder Windsurfkurs ist inklusive. Wer unter die Wasseroberfläche schauen möchte, findet Schnorchel- und Tauchausrüstung beim Hotel. Der Bitter End Yacht Club (www.beyc.com) hat nur einen kleinen Haken. Die Unterkunft (befindet sich zur Zeit in der Renovierung) in einer der 85 Villen oder Suiten gibt's nicht zum Schnäppchenpreis.

Sehen aus wie drapiert: Riesenkiesel im Gewässer vor Virgin Gorda (oben links und rechts).

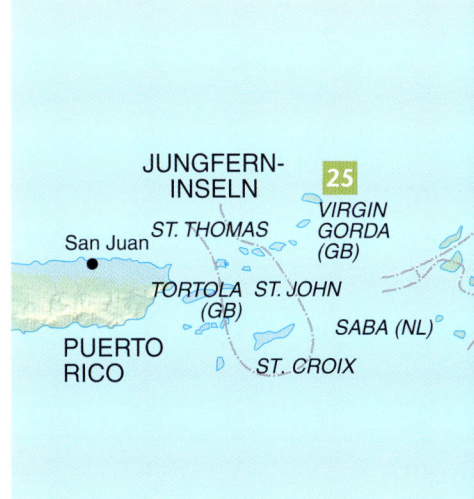

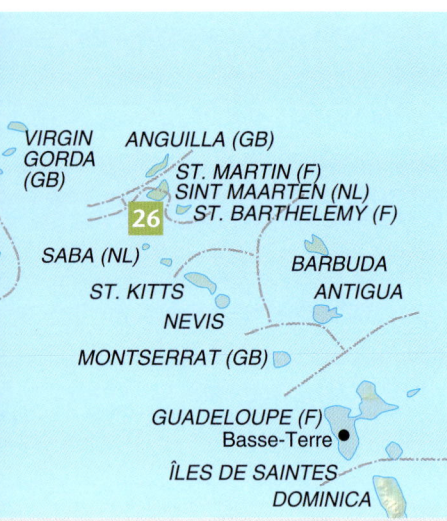

26 St. Martin/Sint Maarten

Französisch-holländische Teilung

Südöstlich der Jungferninseln liegt die am Martinstag 1493 von Kolumbus entdeckte Insel St. Martin/Sint Maarten »über dem Wind« als Teil der Leeward Islands. Während im Süden das flache niederländische Hoheitsgebiet von Salzfeldern und zerklüfteten Landzungen geprägt ist, handelt es sich bei der Grande Terre, dem französischen Norden, um eine Landschaft von bewaldeten Hügeln. Zwischen dem französischen und dem niederländischen Teil gibt es aber weder Grenzposten noch Kontrollen.

Sonnenuntergang am Port de Marigot, St. Martin (unten links), Spezialität der Insel ist der süßbittere Likör aus speziellen Guaven (Eugenia Floribunda), die in höher gelegenen Wäldern in der Inselmitte wachsen (unten rechts). Blick von Pic Paradis auf das mondäne Marigot (rechte Seite oben).

Philipsburg, der niederländische Hauptort von Sint Maarten, liegt mit wie auf dem Reißbrett gezeichneten geometrisch klaren Strukturen auf einer anderthalb Kilometer langen Landzunge zwischen Great Salt Pond und Groot Baai oder Great Bay, wie die große Bucht zwischen dem Fort Amsterdam und Point Blanche gemeinhin genannt wird. Die 1733 gegründete ehemalige Salzmetropole ist in den letzten Jahrzehnten zu einem beliebten Freihafen avanciert – weniger wegen seiner nur noch rudimentär vorhandenen Architektur aus dem 18. und 19. Jahrhundert mit dem nach einem schweren Hurrikan 1825 wiederaufgebauten ehemaligen Gericht und heutigen Stadhuis und Postamt am De Ruyterplein, als wegen der auf Duty-free-Einkäufe ausgelegten Märkte, die von Kreuzfahrttagesgästen gern angesteuert werden. So ist es nicht verwunderlich, dass die südlich zum Meer hin gelegene Front Street wie eine vornehme, aber austauschbare Einkaufsstraße wirkt. Ein buntes Nachtleben findet der Besucher in Pubs und Bars rund um den Jachthafen Bobby's Marina. Im Westen lockt die riesige binationale Simpson Bay Lagoon mit Wassersportvergnügen aller Art. Ab der Maho Bay, die nicht weit entfernt vom Juliana Airport liegt, erstrecken sich Richtung Westen bis zur Grenze nach St. Martin die meisten Hotelanlagen der Insel. Kein Wunder, finden sich hier doch auch mit Palmen gesäumte weiße und zudem viel be-

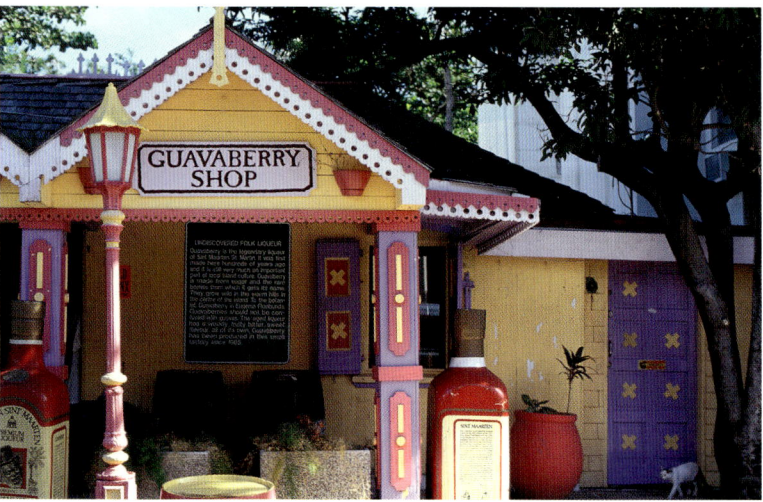

Nicht nur, dass St. Maarten ein Freihafen ist, auch örtliche Verkaufssteuern sind unbekannt. Weshalb die Einkaufsmöglichkeiten hier zu den besten der Karibik gehören. Spirituosen, Kameras, Parfüm, Zigaretten, selbst irische Bett- und Küchenwäsche liegen rund ein Drittel unter Verkaufspreisen in den USA oder Europa. Allein in der Voorstraat (Front Street) und der Achterstraat (Back Street) in Philipsburg breiten Dutzende von Geschäften ihr Angebot aus. Dazu kommen Boutiquen in den kleinen Steegijes genannten Gassen, die beide Hauptstraßen verbinden. Wer schon immer nach einer Schweizer Uhr oder kolumbianischen Edelsteinen suchte, kann hier zu einem Vorzugspreis fündig werden. Angeboten werden auch belgische Schokolade und Pralinen, die man bei den Temperaturen allerdings zügig verzehren sollte. Mit ein wenig Mühe lässt sich sogar etwas Inseltypisches auftreiben, beispielsweise der Guavenlikör, der auf St. Maarten destilliert wird.

suchte Strände wie Mullet Bay, Cupecoy Beach und die besonders schöne Long Bay. Nordöstlich von Philipsburg lohnen der illustre Hafen Oyster Pond und sein Dawn Beach mit erlesenen Restaurants und Hotels einen Ausflug. Für Surfer ist vorher ein Abstecher zum Guana Beach mit seinen Atlantikbrechern ein Muss.

Marigot, wo man lebt wie Gott in Frankreich

Im Gegensatz zum schlichteren Philipsburg verbreitet Marigot, der Hauptort von St. Martin, mit seiner Kolonialarchitektur den Charme alter südfranzösischer Küstenbadeorte. Gourmets behaupten übrigens (leicht übertrieben), dass sich rund um den modernen Jachthafen Marina Port La Royale am Boulevard de France mehr Spitzenrestaurants versammeln als in dem Rest der Großen Antillen zusammengenommen. Kein Wunder also, dass sich der Ort am nordöstlichen Zipfel des Grand Etang de Simsonbaai zu einem Hauptanziehungspunkt für das Savoir-vivre liebende Urlauber in der Karibik entwickelt hat.
Westlich von Marigot liegen einige der schönsten Strände der geteilten Insel. Dazu gehört die Pflaumenbucht, die Baie aux Prunes,

ebenso wie die Baie Rouge und Baie Nettlé, wo der Gast noch von der südlich gelegenen Lagune profitiert.

Grand Case ist ein Mekka der französisch-kreolischen Küche

Man sollte nicht versäumen nördlich von Marigot trotz des nahen Aéroport de l'Espérance die Bucht von Grand Base zu besuchen. Denn an einem wundervollen, knapp zwei Kilometer langen Badestrand reihen sich 20 der besten Restaurants auf den karibischen Inseln mit französisch-kreolischer Küche aneinander. Von hier lohnt sich außerdem eine etwa einstündige Wanderung durch die Hügelketten um den mit 424 Metern höchsten Berg der Insel, den Pic du Paradis. Der Weg führt zum abseits gelegeneren Anse Marcel mit seinem malerischen Strand im Nordwesten, oder der Wanderer macht einen Abstecher nach Cul-de-Sac mit seinem idyllischen Jachthafen.
Zudem werden Besucher mit einem fantastischen Blick auf die touristisch inzwischen stark frequentierte Baie Orientale mit ihren zahlreichen Hotelanlagen am wunderschönen Strand an der karibischen See belohnt. Die Umgebung lädt dazu ein, den karibischen Traum zu erleben.

Eine Hütte mit Park und Meerblick (oben links) oder ein Resort mit Pool wie das Royal St. Kitts Hotel und Kasino in Frigate Bay (rechte Seite unten). Was schneidet im Vergleich besser ab? Stoffbemalung – hier das Caribelle Batik House – (oben rechts) gehört zum traditionellen Handwerk der Insulaner.

27 St. Kitts

Karibikkarriere: Vom Zuckerrohr zum Tourismus

Eigentlich heißt das südlich von St. Martin gelegene St. Kitts »Saint Christopher«, aber mit der Zeit hat sich die englische Verballhornung durchgesetzt. Sie gehört mit der Insel Nevis zur Gruppe der Leeward Islands, der »Inseln unter dem Wind«, also zu der dem Atlantik abgewandten Seite. Ihre zentrale Bergkette steigt mit dem Mount Liamuiga bis zu 1156 Meter an. Liamuiga, fruchtbares Land, so hieß die Insel auch bei den einstmals zahlreichen indianischen Ureinwohnern.

Da Christoph Kolumbus bei seiner zweiten Reise die Inselsilhouette wie der heilige Christophorus mit dem Jesuskind auf der Schulter erschien, benannte er sie nach dem Märtyrer. Nachdem die Engländer 1605 die von der spanischen Krone vernachlässigte Insel in Besitz nahmen, brachten sie Siedler mit dem späteren Gouverneur Thomas Warner an der Spitze her. Es dauerte nicht lange, und die Ureinwohner waren ausgerottet, für sie war kein Platz mehr. Dafür wurde Zuckerrohr angebaut.

St. Christopher war einst die Mutterkolonie Westindiens

Bis Mitte des 17. Jahrhunderts teilten sich Engländer und Franzosen die Insel. Die Franzosen okkupierten den Norden und Süden, die Engländer alles Land dazwischen. Die Insel avancierte bald wegen ihrer strategisch günstigen Lage zur Mother Colony of the British West Indies, zur Mutterkolonie und zum Ausgangspunkt für militärische Operationen. Den erbitterten Kämpfen, die sich die beiden Kolonialmächte jahrzehntelang in der Karibik lieferten, folgte erst 1783 im Vertrag von Versailles die Bestätigung der englischen Besitzansprüche.

St. Kitts' Gestalt sieht von oben betrachtet wie ein im Meer schwimmender Pottwal aus, dem mit Nevis ein Rochen folgt. Die begehrtesten Strände wie North und South Friar's Bay und besonders Frigate Bay liegen auf der schwanz-

förmigen Halbinsel Southeast Peninsula, wo der internationale Tourismus mit großen Hotelanlagen und eleganten Ferienwohnungen inzwischen die vormals hier ansässigen Fregattvögel verscheuchte.

Ein Viertel der rund 56 000 Einwohner von St. Kitts und Newis lebt jedoch im nördlich der Frigate Bay gelegenen Hauptort Basseterre. Da 1867 eine Feuersbrunst nahezu die ganze Stadt und ihre französisch geprägte Architektur vernichtete, wurde sie anschließend mit klaren, gerasterten Straßen im viktorianischen Stil wieder aufgebaut. Aber auch Hurrikans, Wirbelstürme und ein Erdbeben setzten der Stadt regelmäßig zu und zwangen die Einwohner immer wieder zu größeren Aufräumarbeiten und Reparaturen.

Das Herz von Basseterre bildet der Hafen mit der alten Treasury Pier, ihr Zentrum aber der malerische, oktogonal angelegte Platz The Circus. Er ist dem Londoner Piccadilly Circus nachempfunden, seine Berkeley Memorial Clock erinnert mit einem kleinen Glockenturm an Thomas Berkeley, den einstigen Präsidenten der gesetzgebenden Versammlung der Insel. Und der karibisch bunte Public Market, gewissermaßen der Bauch von Basseterre, breitet sich westlich des Hafens in der Bay Road aus. Auf der etwa 60 Kilometer langen Circle Road kann man mit einer Tagestour die Insel komplett umrunden und sich vor allem an der Natur erfreuen. Zum Beispiel am in der nördlichen Mitte gelegenen 1156 Meter hohen Vulkan Mount Misery, der zum Gedenken an die Ureinwohner jüngst in Mount Liamuiga umgetauft wurde, und seinem rund einen Kilometer breiten imposanten Krater, zu dem ab Basseterre gebuchte Tagestouren möglich sind. Mit einer Fähre erreicht man mehrmals täglich von Basseterre aus Charlestown, den Hauptort auf der südlich gelegenen Schwesterinsel Nevis. Abgesehen davon, dass es dort zum Beispiel bei Pinney's Beach einen sehr ungewöhnlichen silbersandigen Palmenstrand gibt, machte sich Nevis mit schwefeligen Heilquellen schon früh einen Namen, weshalb Charlestown auch zu Recht als rührige Keimzelle des modernen Tourismus in der östlichen Karibik gilt.

BRIMSTONE HILL FORTRESS

Die mächtige Festung in der Karibik wird oft mit Gibraltar verglichen. Mit dem Bau von Brimstone Hill Fortress wurde 1690 begonnen. Jeder Stein musste mühsam den Hügel hinaufgeschleppt werden, um die mächtigen Mauern und Bastionen, den Exerzierplatz, Krankenhaus und die zentrale Küche zu errichten. In den Unterkünften fanden 1000 Soldaten Platz. Im Jahre 1782 wurde hier eine der gewaltigsten Schlachten der Inselwelt ausgetragen. Die 900 Engländer, die die Zitadelle besetzt hielten, mussten nach einem langen Ansturm einer französischen, 8000 Köpfe zählenden Armee aufgeben. Doch schon im Jahr darauf kamen die Engländer zurück und blieben bis zur Unabhängigkeit der Federation of St. Christopher & Nevis 1983 alleinige Kolonialmacht.

WEITERE INFORMATIONEN

St. Kitts Marriott Resort & Royal Beach Casino: Frigate Bay, Tel. +1/869 466 12 00, www.marriott.de, 282 Zimmer und Suiten, DZ ab $ 260.

Die Hotelikone »Jack Tar Village« ist gründlich renoviert als All-inclusive-Resort neu erstanden. Ganz in der Kultur von St. Kitts. Gleich nebenan lockt eine 18-Loch Golfanlage.

Federn, besonders die der Pfauen, sind ein beliebter Kopfschmuck bei den Kreolen. Farbenprächtig geschmückt spielen sie im Royal St. Kitts Hotel mit einfachen Instrumenten zum Tanz auf.

⌘ Antigua

Perle der Karibik

Antigua und die südlichere Schwesterinsel Barbuda liegen im Zentrum der Antillen und bilden mit der unbewohnten Redonda seit 1982 einen unabhängigen demokratischen Inselstaat innerhalb des Commonwealth. Etwa 65 000 der insgesamt 95 000 Einwohner des Miniaturstaats leben auf der Hauptinsel Antigua, davon etwa ein Drittel in der Hauptstadt St. John's. Nur etwa zwei Prozent der Bevölkerung sind europäischer Abstammung. Der überwiegende Teil besteht aus Nachkommen schwarzer Sklaven.

St. John's hat einen der schönsten Naturhäfen der Karibik (unten links). Da ist selbst das Einparken kinderleicht (unten rechts). Die alten Griechen hätten an einem solchen Arrangement ihre Freude gehabt: Hillside Cottage Suites im Hermitage BayResort (rechte Seite).

Sollte es jemals eine Schönheitskonkurrenz um den Titel »Perle der Karibik« geben, dann gehört Antigua auf jeden Fall zu den Aspiranten! Dabei hat die Vegetation noch etwas Nachholbedarf. Sie wurde nach der Abholzung zum Aufbau großer Zuckerrohrplantagen beinahe vollständig zurückgedrängt und regeneriert sich erst allmählich auf der bis zu 400 Meter hohen Insel. Heute versucht man mit Rückhaltebecken, Wasser zu stauen und Landwirtschaft sowie auch die Wiederaufforstung voranzutreiben.

365 Strände umgeben Antigua – für jeden Tag im Jahr ein anderer

Das Ensemble von zahllosen Stränden entlang der zerklüfteten Küste macht den größten Schatz Antiguas aus. Stimmt das hartnäckige Gerücht, es seien genau 365, könnte man jeden Tag des Jahres an einem anderen Strand verbringen. Die von vielen Korallenriffen und -bänken umgebene Schönheit war schon vor beinahe 5000 Jahren begehrt, als zunächst die Siboney-Indianer begannen, die Insel zu besiedeln. Den friedlichen und kultivierteren Arawaks, die von Fischfang und Maisanbau lebten, folgten die Caribs, ein gewalttätiges Volk mit kannibalischen Neigungen. Da auch auf dieser karibischen Insel keine Reichtümer zu holen waren, überließen die Spanier, die nach Kolumbus' zweiter Entdeckungstour zunächst einen Besitzanspruch geltend machten, den Franzosen das Feld, die die Insel im Vertrag von Breda 1667 an die Engländer weiterreichten.

Seit mehr als 300 Jahren blickt die Plantagenvilla von Betty's Hope nicht weit vom Dörfchen Pares im Osten Antiguas auf die Hügel der Umgebung. Die erste Zuckerrohrpflanzung von Antigua wurde schon um 1650 begründet. Sklaven schufteten auf den Feldern, schlugen das reife Zuckerrohr und verarbeiteten es. Die dekorativen Ruinen und restaurierte Teile der Anlage können besichtigt werden. Im Besucherzentrum wird die Zeit, in der König Zucker die Karibik regierte, wieder lebendig.

WEITERE INFORMATIONEN

Carlisle Bay Resort
Old Rd, St. Mary's, Tel. +1/268 484 00 00, www.carlisle-bay.com, 80 Suiten ab $ 360. Das luxuriöseste Hotel auf Antigua bietet alle Annehmlichkeiten: exzellentes Restaurant, Pools, eigenes Kino, opulente Wellnessabteilung, Tennislehrer, Whirlpools in den großzügig geschnittenen Suiten.
Hermitage Bay
Hermitage Bay, Tel. +1/268 562 55 00, www.hermitagebay.com, 25 Wohneinheiten, ab $ 1200.

Die Briten bauten im 17. Jahrhundert die Insel zu einem ihrer wichtigsten Flottenstützpunkte aus. Deren Kommandant war zeitweise der später im Kampf gegen Napoleon berühmt gewordene Seeheld Horatio Nelson. Die Besiedlung brachte eine intensive Plantagenwirtschaft vor allem mit Rodungen für den Zuckerrohranbau mit sich, den längst der Tourismus beerbt hat. Nirgends wird das so deutlich wie im Hafen von St. John's, wo fast täglich Kreuzfahrtschiffe festmachen. Der grellbunte traditionelle Public Market und auch der moderne Heritage Quay sind indes nicht das einzige Ziel für Kreuzfahrt-Schnellshopper. Der Gebäudekomplex an der Wasserlinie mit seinem hohen Glockenturm beherbergt unter anderen ein Theater und ein Kasino. Wer es lieber klassisch mag, bummelt durch den Redcliffe Quay mit seinen im Stil der Kolonialarchitektur restaurierten Gebäuden.

Bei Devil's Bridge pfeift die Brandung aus dem letzten Loch

Als Sehenswürdigkeiten in der unmittelbaren Umgebung der Metropole gelten die Ruinen des Fort James am nördlichen Zipfel der Bucht mit einem atemberaubenden Blick über die Stadt sowie die dahinterliegende Badebucht Dickenson Bay mit ihren exklusiven Hotelanlagen. In östlicher Richtung erstreckt sich eine raue zerklüftete Küste, wo die viel besuchte Devil's Bridge einen spektakulären Anblick bietet: eine von der starken Brandung über viele Jahre in die Kalksandsteinfelsen gewaschene Naturbrücke. Durch die von den Naturgewalten ausgehöhlten Röhren zischt pfeifend die Gischt empor, ein spektakulärer Anblick.

Antiguas bedeutendste Sehenswürdigkeiten liegen jedoch im Süden. Die malerisch in einen geschützten Naturhafen eingepasste Stadt English Harbour und das historische Nelson's Dockyard sind magische Anziehungspunkte für Segler und Touristen. Die imposanten Bauten der ehemaligen Schiffswerft des berühmten Namensgebers Horatio Nelson stehen für die Dominanz, die die englische Marine jahrhundertelang in den karibischen Gewässern ausübte.

Understatement wohin man blickt, aber nur vom Feinsten, das ist die von Weißen gelebte Kultur auf St. Barts: Villen in der Abendsonne in Gustavia (oben links und rechts), exklusive Shoppingmeile (unten rechts).

29 St. Barthélemy

St. Barts: schick, teuer, exklusiv

Die von den Engländern St. Barths genannte Kleine-Antillen-Insel über dem Wind gehört gewiss zu den exklusivsten Ferienzielen in der Karibik. Nachdem sich die Rockefellers, Fords und Kennedys hier Villen bauen ließen, gilt besonders das Hafenstädtchen Gustavia als Mekka der Schönen und Reichen dieser Welt.

Das hat seine Aura außerdem mit der häufigen Präsenz zahlreicher Großjachten Prominenter und durch die luxuriösen Hotels und erlesenen Restaurants erworben. Nachdem die Besiedlung Mitte des 17. Jahrhunderts mit Landwirten aus Nordfrankreich gescheitert war, verkaufte Ludwig XVI. die Insel mitsamt ihrer Corona kleiner Eilande den Schweden, die den Freihafen nach ihrem König Gustav III. flugs in Gustavia umtauften. Nach mehreren Naturkatastrophen kauften die Franzosen 1877 die Insel zurück. Da der karstige Boden keine Plantagenbewirtschaftung ermöglichte, hatte Saint Barthélemy auch keine ausgeprägte Landwirtschaft und kein Heer afrikanischer Arbeitssklaven. Das bedeutendste Ferienzentrum St.-Jean liegt an einem besonders schönen der vielen Badestrände. Im idyllischen Fischerdorf Corossol bieten einheimische Frauen vor allem speziell geknüpfte Körbe und Hüte aus Palmblättern an. Das französische Territorium ist ein assoziiertes überseeisches Hoheitsgebiet der Europäischen Union mit dem Euro als Zahlungsmittel. Schneeweißer Sand an 22 Stränden und sanfte Brandung bieten zahlungskräftigen Gästen pures Urlaubsvergnügen.

30 Dominica

Grüner Dschungel und die letzten Kariben

Von den Inseln über dem Wind ist Dominica die gebirgigste, und weil der 1447 Meter hohe Vulkan Morne Diablotin mit seinen Kraterrändern die Wolken kratzt, auch die wasserreichste. Mit Wasserfällen, Seen und Regenwäldern ist das Paradies für Wanderer und Naturfreunde zwar kein Geheimtipp mehr, aber durch weiträumigen Naturschutz einstweilen gesichert.

Das war den Karib-Indianern leider nicht beschieden. Zwar hatten sich die Kolonialmächte England und Frankreich 1748 im Aachener Frieden vertraglich geeinigt, die Insel den Ureinwohnern zu überlassen. Doch Frankreich brach diese Übereinkunft, besiedelte das fruchtbare Terrain und musste es doch wieder den Engländern überlassen, die die Insel 1978 als Commonwealth of Dominica in die Unabhängigkeit entließen. Im Gegensatz zu den anderen Inseln findet man inmitten der 80000 zumeist schwarzen Einwohner hier noch mehrere hundert Nachkommen der Kariben.

Viele der 16000 Einwohner der Hauptstadt Roseau im Südwesten leben vom Kreuzfahrttourismus. Märchenhafter Anziehungspunkt ist der im Zentrum gelegene, 1997 zum Weltkulturerbe erklärte Morne Trois Pitons National Park mit seiner unvergleichlichen Flora und Fauna. Wer nicht so gut zu Fuß ist, kann den wild wuchernden grünen Dschungel mit einer Gondel der Rainforest Aerial Tram durchstreifen.

KALINAGO BARANA AUTÉ: Das Kulturzentrum der einst kriegerischen Karib-Indianer (www.kalinagobaranaaute.com), nach denen die gesamte Inselkette benannt ist, liegt im Nordosten von Dominica. 1903 gingen die letzten Überlebenden der indianischen Bevölkerung auf das Angebot der britischen Kolonialmacht ein, zukünftig in einem knapp 15 Quadratkilometer großen Reservat zu leben. Hier fischen sie, bauen Lebensmittel an und verkaufen Körbe, Matten und anderes Kunsthandwerk an Touristen. Das Kulturzentrum Kalinago Barana Auté gibt Auskunft über die lange Geschichte, in der die Kariben einst die Inseln dominierten.

Die Kariben – Gefürchtete Eroberer der Inseln

Ihre schweren Kanus, in denen bis zu 100 Krieger Platz fanden, waren auf den Inseln gefürchtet, denn den Kariben ging der Ruf unerschrockener Grausamkeit voraus. Lange bevor Kolumbus und die Spanier die Inseln der Karibik ins Visier nahmen, hatten sich dort blutige Kämpfe abgespielt.

Kanu mit traditionellem Arawak-Motiv (oben). Blick über English Harbour vom Aussichtspunkt Shirley Heights (unten). Die farbenfrohe römisch-katholische Pfarrkirche Saint Mark Kirche von Soufrière auf Dominica (rechts oben). Die kubanische Briefmarke von 1937 zeigt einen Indianer mit Zigarre (rechts unten).

Widerstand gegen die Aggressoren, ihre scharfkantigen Kriegskeulen und treffsicher geschossenen Pfeile schien zwecklos. Nur schnelle Flucht konnte das Leben bewahren. Männer überfallener Dörfer waren dem Tode geweiht, die Frauen gliederte man in den eigenen Stammesverband ein. Nicht selten wurden besonders tapfere getötete Gegner über dem Feuer geröstet und verspeist. Die Krieger der Kariben hofften, mit dem Fleisch ihrer Opfer auch deren Kraft und Mut in sich aufzunehmen. Das Wort »Barbecue« entstammt der Sprache der Kariben, auch die Bezeichnung Kannibale wird auf den Namen des kriegerischen Stammes zurückgeführt.

Schon lange bevor 1492 die ersten spanischen Karavellen am Horizont auftauchten, brachen Gruppen von Indianern aus dem Orinoco-Delta und den Flusstälern des heutigen Guyana mit Einbäumen nach Norden auf. Sie drangen im Laufe vieler Jahre von Insel zu Insel vor, bauten Hütten und Dörfer. Von den Ciboney, deren Name so viel wie Höhlenbewohner bedeutet, sind auf den Kleinen Antillen keine Spuren erhalten. Zur Zeit der Eroberung durch die Spanier siedelten die letzten dieser bald ausgestorbenen Fischer und Sammler im äußersten Westen von Kuba und Hispaniola.

Die Arawak brachen um die Zeitenwende nach Norden auf und drangen bis zu den Ba-

hamas vor. Sie haben auf den südlichen Antillen zumindest einige Felszeichnungen hinterlassen. Die Arawak siedelten überwiegend auf den Großen Antillen, betrieben Landwirtschaft und entwickelten eine eigene Töpferkunst mit typischen Mustern. Priesterhäuptlinge, die weltliche Belange regelten, aber auch Verbindungen zu den Göttern herstellten, standen den Gemeinschaften vor. Auch wenn ihre überlegene Kultur die Ciboney auf einige entlegene Gebiete zurückgedrängt hatte, waren ihnen organisierte Feldzüge um Einflussgebiete und Nahrungsquellen fremd. In ihrer Sprache gab es nicht einmal ein Wort für Krieg.

Bis zum Ende des 13. Jahrhunderts hatten sich die Kariben aus dem Gebiet des heutigen Venezuela aufgemacht, um neue Jagdgründe zu suchen. Über Trinidad waren bald Grenada, St. Vincent und St. Lucia sowie einige Inseln weiter im Norden erreicht. Die Arawak waren zur Zeit der spanischen Eroberung auf den Kleinen Antillen bereits von den Kariben massakriert und vertrieben worden. Das plötzliche Auftauchen der Spanier, eines noch aggressiveren Gegners mit überlegener Kriegstechnik, der die Bewohner der Inseln tötete oder sie als Sklaven in Bergwerken zu Tode drangsalierte, trieb die Kariben nun unvermittelt in die Defensive. Dennoch dauerte es noch etwa 250 Jahre, bis Franzosen und Briten ihnen militärisch endgültig den Garaus machten und die Überlebenden auf Inseln vor dem mittelamerikanischen Festland deportierte.

Einzelne Nachkommen der Kariben und afrikanischen Sklaven, die »Black Caribs«, leben noch heute im schlecht zugänglichen Norden von St. Vincent. Andere schützt ein kleines Gebiet mit Teilautonomie im Nordosten der Insel Dominica. Die Worte Karibik, Zigarre, Kanu und einige andere Begriffe aus ihrer Sprache erinnern heute noch an den Stamm der Kariben, der einst die Inseln beherrschte.

31 Guadeloupe

Französischer Außenposten mit aktivem Vulkan

Guadeloupe wird aus zwei voneinander durch einen Kanal getrennten Inseln gebildet, deren Gestalt von oben gesehen zwei Schmetterlingsflügeln ähnelt. Basse-Terre, die südwestliche, ist vulkanischen Ursprungs, bis zu 1467 Meter hoch, voller Wasserläufe und mit dichtem Regenwald bewachsen; Grand-Terre wurde aus Kalkablagerungen begründet, ist hügelig und trocken. Darum herum gruppieren sich Inselchen wie Marie-Galanté, Le Désirade und Les Saintes.

Ausdauernde können bei einem Trip durchs Hinterland, ausgehend von der Hauptstadt Basse-Terre im Südosten der gleichnamigen Insel und vorbei an Bananenplantagen, den Vulkankegel des La Soufrière besteigen. Von hier erhält man eine fantastische Aussicht über die Insel und quasi nebenbei einen Einblick in einen aktiven Vulkan. Die zahlreichen Lavatümpel und Spalten sind aufgrund unterschwelliger Hitze und intensiver Schwefeldämpfe am besten bei einer Führung zu genießen.

Basse-Terre ist Verwaltungs- und Bischofssitz, beherbergt jedoch nur weniger als 15 000 der knapp 430 000 Einwohner. Hauptgrund dafür ist La Soufrière. Als Teil der aktiven ostkaribischen Vulkanachse ist er auch in der jüngeren Vergangenheit mehrmals ausgebrochen. Erst

1956 und 1976 führte das zu verheerenden Zerstörungen, und die damals doppelt so große Einwohnerschaft kehrte nach der Evakuierung nur noch zur Hälfte zurück. 1979 legten zwei Hurrikans noch einmal nach. So blieben von der Pracht eines der ältesten kolonialen Zentren Frankreichs nur Reste mit provinziellem Charme und einige Rudimente wie die Kathedrale Notre-Dame-du-Mont-Carmel oder das Fort Louis Delgrès am Südrand. Das wurde nach einem mutigen Oberst benannt, der sich mit einem kleinen Heer aussichtslos den napoleonischen Truppen entgegenstemmte, die 1802 entsandt worden waren, um die abgeschaffte Sklaverei wieder einzuführen.

Spannend ist ein Besuch des Hafenstädtchens Trois-Rivières und seines Parc Archéologique

Am Pointe de Colibris (unten links) tost der offene Atlantik. Im Innern von Basse-Terre (unten rechts). Wild wachsende Bananen (rechte Seite).

MARINE RESERVE JACQUES COUSTEAU

Das 400 Hektar große Areal vor der Westküste von Guadeloupe (www.cip-guadeloupe.com) wurde vom weltbekannten französischen Tiefseeforscher Jacques Cousteau gründlich erforscht und in mehreren seiner legendären Filme aus den 1950er-Jahren einem großen Publikum bekannt. Das Meeresschutzgebiet umschließt eine Reihe von Eilanden nicht weit vom Dörfchen Bouillante. An der Küste bei der Plage Malendure bieten Dive-Shops Ausrüstungen und begleitete Tauchgänge an. Mehrere warme Quellen auf dem Meeresgrund schaffen ein besonderes Ambiente für Korallen, Schwämme, Seeigel, Meeresschildkröten, Hummer und Papageifische sowie unzählige ihrer tropischen Artgenossen. Mit etwas Glück trifft man in den Wintermonaten Buckelwale in den Gewässern. Wer weder taucht noch schnorchelt, kann die Unterwasserwelt mit einem Glasbodenboot erkunden.

Auf dem bunten Markt St. Antoine von Pointe-à-Pitre zahlt man frisches Obst, Ananas-, Papaya- sowie Kokosdrinks und vieles mehr in Euro. Die Vielzahl exotischer Stoffe, Gewürze und Gemüse ist eine wahre Augenweide (rechts oben).

des Roches Gravées wegen seiner von den Ureinwohnern geritzten rätselhaften Felszeichnungen. Wer zu einer Rundfahrt aufbricht, kann in west-östlicher Richtung auf der Route de la Traversée den von der UNESCO zum Biosphärenreservat deklarierten wundervollen Parc National de la Guadeloupe durchqueren. Bei Bouillante an der Westküste locken die schwarzen Strände der Plage Malendure und das durch Exkursionen des Tiefseeforschers Jacques Cousteau geadelte Tauchrevier rund um die Eilande der Îlets Pigeon.

Grand-Terre punktet mit abwechslungsreicher Küste

Gemeinsam mit Martinique, St.-Barthélemy und St. Martin bildet Guadeloupe das französische Übersee-Département d'Outre-Mer. Dank der Zugehörigkeit zur EU gilt in der fernen Karibik der Euro als Zahlungsmittel und gleichzeitig ein recht hohes Preisniveau. Wer sich aber trotzdem einmal auf Guadeloupe eingelassen hat, wird dies nie bereuen!

Guadeloupes heimliche Hauptstadt ist das auf der verbindenden Landzunge zwischen den beiden Inseln gelegene Pointe-à-Pitre. Dessen Freihafen mit seinem Kreuzfahrtterminal Gare Maritime bildet gemeinsam mit dem angrenzenden alten Fährhafen La Darse – von dort geht es zu den Inseln Marie-Galante und Les Saints – sowie seinen bunten Märkten das pulsierende Herz der knapp 17 000 Einwohner zählenden Wirtschaftsmetropole. Wer Grand-Terre von hier aus erkunden möchte, sollte mit einem Auto für die etwa 120 Kilometer lange Umrundung einen Tag einplanen. Durch Gosier, das touristische Zentrum der Insel, führt die N4 nach Sainte-Anne, einem alten Fischerort mit aufstrebenden touristischen Ambitionen, und dann weiter nach Saint-François, das trotz einer vorangeschrittenen Entwicklung noch über viel nostalgischen Charme verfügt. Am östlichen Zipfel wartet der Pointe de Colibris mit einem fantastischen Blick über eine brandungsreiche, zerklüftete Atlantikküste.

32 Martinique

»Insel der Blumen« mit französischem Flair

Martinique gilt vielen als das Herz der Kleinen Antillen. Es vereinigt in sich alles, was den Reiz der Karibik ausmacht: Die überwiegend gebirgige Insel steigt bis zum noch aktiven Vulkan Mont-Pelée auf 1397 Meter an, verfügt durch diesen »Wolkenkratzer« im Norden über dichten Regenwald mit Gebirgsbächen, Wasserfällen und Schluchten. Martinique ist berühmt für seine Blumenpracht und die vielfältigen malerischen Buchten und Strände im Süden.

Die Pier der Inselhauptstadt Fort-de-France (oben links) und ihr architektonisches Kleinod, die Bibliothèque Schoelcher (oben rechts). Der Minister machte sich Ende des 18. Jahrhunderts für die Abschaffung der Sklaverei stark.

Als Christoph Kolumbus 1493 die Insel sichtete, benannte er sie wie viele andere nach dem Tagesheiligen des katholischen Kalenders. Auf seiner vierten Reise im Jahr 1502 ergänzte er seine sonst so nüchternen Tagebucheintragungen mit Schwärmereien für die Karibikinsel. Hier habe er »... das fruchtbarste, süßeste, mildeste und zauberhafteste Fleckchen Erde ...« betreten. Es erscheint demnach keinesfalls verwunderlich, dass sich Engländer und Franzosen ab Mitte des 18. Jahrhunderts fast 50 Jahre lang um dieses Paradies stritten. Die genannten Streitigkeiten waren neben dem gewaltigen Ausbruch des Mont Pelée 1902 entscheidend für die Gründung der heutigen Hauptstadt. Denn zum einen legten die Franzosen mit dem kriegerischen Fort Royal an der Westküste quasi den Grundstein ihres bedeutendsten Karibikhafens Fort-de-France, und zum anderen vernichtete der Vulkanausbruch die damalige Metropole St.-Pierre im Nordwesten so gut wie vollständig. Fort-de-France konnte von da ab konkurrenzlos seine wirtschaftliche Bedeutung für die Region ausbauen und wurde zum Hauptort von Martinique.

Hier flanieren die Jungen und Schönen der Karibik

Fast die Hälfte der gut 380000 Insulaner lebt im dicht besiedelten Fort-de-France, dessen wesentlicher Anziehungspunkt die mit Bäumen und Blumen bewachsene Place de la Savane

zwischen dem alten Hafen Baie des Flamands und dem im 18. Jahrhundert errichteten Fort St.-Louis auf dem Südzipfel ist. In ihrem Umfeld haben sich die angesagtesten Restaurants und Bars angesiedelt, die die »schönsten Menschen der Karibik« anziehen. Ein unwirkliches Bild bietet die Kirche von Balata. Die Sacré-Cœur wurde 1928 nach dem Pariser Vorbild in die grünen Hügel bei Fort-de-France gebaut. Ein kleines Juwel ist die Bibliothèque Schoelcher am nördlichen Zipfel der grünen Oase, die vom französischen Architekten Pierre-Henry Picq anlässlich der Pariser Weltausstellung 1889 als karibischer Pavillon gestaltet wurde. Minister Victor Schoelcher, nach dem auch ein Fischerdorf mit schönem Badestrand im Norden der Stadt benannt ist, war Mäzen der Bibliothek und treibende Kraft bei der Abschaffung der Sklaverei Ende des 18. Jahrhunderts. Östlich davon liegt das Archäologische Museum mit einer respektablen Sammlung präkolumbianischer Exponate und von Dokumenten aus der Zeit der Sklaverei.

Besonderes Augenmerk bei einem Abstecher verdient die alte Hauptstadt St.-Pierre, in der nach dem zerstörerischen Vulkanausbruch heute wieder etwas mehr als 4 000 Menschen überwiegend vom Tourismus leben. Das Paradies der Surfer liegt an der Nordspitze Martiniques bei Grand' Rivière. Auf der bizarren Halbinsel Presqu'Île de la Caravelle, die sich im Osten mit dichter Vegetation und vielfältigen Küstenformationen in den Atlantik schiebt, sind an ihrem äußersten Zipfel die Ruinen des ehemaligen Plantagengutshauses Chateau Dubuc sowie das von wunderschönen Stränden umgebene Nest Tartane einen Besuch wert.

Den schönsten Strand hat Grande Anse des Salines

Als hübschestes Dorf Martiniques gilt jedoch Trois-Îlets in der Nachbarschaft des künstlichen Touristenstädtchens Pointe du Bout auf dem Fort-de-France gegenüberliegenden Südzipfel der Baie de Fort-de-France. Und wer verständlicherweise auf Martinique einen Badeurlaub plant, hat die Qual der Wahl, kann aber im Grunde nichts verkehrt machen, wenn er sich geradewegs nach Süden wendet. Hier erstrecken sich – beginnend mit Grande Anse du Diamant und ihrer für Taucher reizvollen Korallen sowie Grotten und endend mit Grande Anse des Salines – die mit Abstand schönsten weißen Sandstrände.

VON KLEIN PARIS ZU KLEIN POMPEJI

Am Himmelfahrtstag des 8. Mai 1902 begrub eine Aschewolke des Mont Pelée innerhalb von zwei Minuten St.-Pierre, die blühende, Klein Paris genannte Hauptstadt von Martinique. Die drei gewaltigen Eruptionen des Vulkans waren 600 Kilometer weit zu hören. Eine glühende Hitzewelle raste die Bergflanken hinab und löschte in Minutenschnelle alles Leben aus. Drei Menschen von 30 000 Einwohnern überlebten. Nicht weit von der heutigen Uferpromenade sind noch Ruinen einiger Häuser auszumachen. Das Musée Volcanologique in der Rue Victor Hugo stellt die von der Hitze deformierte Glocke der Stadtkirche aus, dokumentiert die Katastrophe von 1902 und informiert über die Hintergründe der vulkanischen Aktivitäten entlang der karibischen Inselkette.

Karibische Wandtapete: Es wird Abend in der Mercure-Appartementanlage Pointe de la Chery nahe des Orts Le Diamant an der Südküste von Martinique (linke Seite). Fort-de-France ist die größte Stadt der Insel (links). Der Vulkan Montagne Pelée brach zuletzt 1902 aus (oben).

Inseln unter dem Wind

Der Kakao wird von »echten Typen« vermarktet (oben) und von bezaubernden Karnevalistinnen getrunken (unten). Pure Poesie: »Windsong« (links).

St. Vincent 35

Peter's Hope
Sans Sauci
North Union
Layou
Francois
Gloden
Grove
Bridgetown
Questelles
Peruvian Vale
Clare Valley
Belair
Ra-wa-cou
Kingstown
Brighton Village

ST. VINCENT
UND DIE
GRENADINEN

Yong Island
Johnson
Point

Bequia Head
Spring Estate
36 Bequia
Port Elizabeth
Hope Bay
Big Cay
St. Hilaire
Battowia

Baliceaux

Karibisches

Lookout Pt.
North Point
Lovell Village
Mustique

Little Mustique

Meer

Savan Island

Pt. Moody
Canouan
Grand Bay
Charlestown

Mayreau
Petit Rameau

Rapid Point
Chatham Bay
Clifton
Miss Irene Point
Ashton
Palm Island
Union Island

Petit St. Vincent

Petit Martinique
Windward
Hillsborough
38 Carriacou

ATLANTISCHER

Frigate Island

Large Island

Diamond Island
Les Tantes

Ronde Island

Caille Island

GRENADA

OZEAN

Green Island
Sauteurs
Bedford Point
Victoria
Grenada Bay
Mt.
St. Catherine
840
Gouyave
Upper Peals
Black Bay
Grand Etang
Nat. Park
Grenville
Grenville Bay
Moliniers
Battle Hill
Marquis
37 Grenada
St. Georges
St. David
Grand Anse Bay
Belle Isle
Point Salinas
Bamboo
Fort Jeudy
Maurice Bishop
International Airport

0   25 km

Die Routen der »Yachties« – mit dem Segler durch die Grenadinen

Route: Kingstown (St. Vincent) – Port Elizabeth (Bequia) – Mustique – Charlestown (Canouan) – Mayreau – Clifton (Union Island) – Hillsborough (Carriacou) – St. George's (Grenada)

Idylle auf Mayreau, der kleinsten bewohnten Grenadinen Insel

In der Hochsaison zwischen Weihnachten und Ostern kreuzt eine wahre Armada zwischen den Inseln des Karibischen Bogens. Auch ohne seglerische Vorbildung genießt man das traumhaft warme Wasser, den blauen Himmel, rosigorange Sonnenaufgänge und imposante Farbspektakel, wenn der Feuerball abends im Meer versinkt.

Die echten Yachties kommen zunächst einmal auf der »Barefoot«-Route quer über den Atlantik. Ab Mitte November, wenn die Hurrikansaison vorbei ist, werden auf den Kanarischen Inseln die Leinen los gemacht. Nach dem Motto »Segle südwärts, bis die Butter schmilzt, dann hart Steuerbord und du bist im Passatwind« machen sich jedes Jahr rund 300 Jachten aus Europa auf die große Reise. Dutzende von Firmen bieten Jachten jeder Größe an, mit Skipper, Bootsmann und Koch oder »bareboat« – also für Crews, die alleine in der Karibik segeln wollen. Eine Kabine für eine Kreuzfahrt im schönsten Revier der Weltmeere ist je nach Route, Saison und Schiff ab ca. 2000 Dollar pro Woche zu haben – ohne Transatlantikflug, versteht sich. Und ohne die vielen kleinen Extras, zu denen auch einige legendäre Bars auf einsamen Inseln gehören, in denen zu fruchtigen Rum-Cocktails reichlich Seemannsgarn gesponnen wird. Wer während eines Törns entsetzt die Schwindsucht seiner anfangs prall mit Eastern Caribbean Dollars (EC) gefüllten Brieftasche bemerkt, kann den lockeren karibischen Spruch »EC come, EC go« besser verstehen.

Die klassische Grenadinen-Route führt zwischen Dutzenden kleiner Inseln und Klippen hindurch, die sich wie Springsteine in einem Bach zwischen St. Vincent und Grenada verteilen. Die Distanzen zwischen ihnen sind kurz, immer bleiben die zurückgelassene und die angesteuerte Insel im Blick. Von Port Elizabeth auf Bequia geht es an Petite Nevis vorbei zur »Promi-Insel« Mustique und natürlich gleich zu Basil's Bar in der Britannia Bay. Auf Canouan nimmt sich ein Luxusresort vorsorglich der Superreichen an. Einsame Ankerplätze gibt es trotzdem noch, auch auf Mayreau, das viele Segler noch immer nach seinem früheren Namen Eustace nennen. Das traumhafte Horseshoe Reef schützt die einsamen Tobago Cays vor den Wogen des Atlantiks. Beim Schnorcheln blickt man in eine andere Welt, die beim Segeln oberhalb des Wasserspiegels noch so vertraut schien. An den Tresen von Union Island trifft sich das internationale Seglervolk zum Gedankenaustausch über Wind, Wellen und Sternenhimmel. Auf der kurzen Strecke zwischen Petit St. Vincent und Petite Martinique überquert man unbemerkt die Grenze zu Grenada. Erst in Hillborough auf Carriacou heißt es bei der Einwanderungs- und Zollbehörde: »Clear Customs!« Vorsichtige Skipper umfahren den Unterwasservulkan Kick-'em-Jenny, der auf dem Weg nach St. George's südwestlich des Eilands für kabbelige See sorgen kann.

Vor allem zwischen Juli und Oktober können schwere Wetter den Törn durch die Grenadinen auch mit seglerischen Herausforderungen garnieren. Der Speedometer zeigt schnell über zehn Knoten, Regenschauer, die schon von Weitem auszumachen sind, nahen mit Windeseile. Bootsbesatzungen, die sich vorher allenthalben über die Intensität der Sonneneinstrahlung und den notwendigen Schutzfaktor der Bodylotion ausgetauscht haben, kommen sich bei der Arbeit an Bord schnell näher. Meist ist am nächsten Morgen die See wieder glatt und der Tag kann mit einem Sprung ins klare, 26 °C warme Wasser beginnen. Abends gibt es dann natürlich doppelt so viel zu erzählen, vielleicht wieder bei Basil's oder in einer Bar an einem anderen Karibikstrand.

UNTERWEGS ZWISCHEN TRINIDAD UND TOBAGO

Die beiden Hauptinseln des Karibikstaates verbindet eine Schnellfähre, die mit drei Abfahrten pro Tag in rund zweieinhalb Stunden die gut 30 Kilometer lange Passage zwischen dem Fährterminal von Port of Spain auf Trinidad mit dem Tobago Terminal in Scarborough überbrückt (https://ttitferry.com). Schneller ist nur noch Caribbean Airlines, die mit mehr als einem Dutzend täglichen Flügen die beiden Inseln in 25 Minuten miteinander verbindet (www.caribbean-airlines.com).

Badestrände, zum Niederknien schön (oben links), waren nicht der Anlass für jahrzehntelange Händel zwischen Engländern und Franzosen. Durchstreift man den Regenwald hinter Soufrière, meint man den Atem der Schöpfung zu spüren (oben rechts und rechte Seite).
Die beiden kegelförmigen Pitons sind Wahrzeichen von St. Lucia (nächste Seite).

33 St. Lucia

»Helena der Westindischen Inseln«

Sie ist genauso schön wie die griechische Königstochter Helena und war genauso umkämpft. Die zweitgrößte der British Windward Islands wechselte fünfzehn Mal zwischen Frankreich und Großbritannien den Besitzer. Bananenplantagen, tropischer Regenwald im gebirgigen Inselinnern, Badebuchten und ein herrliches Tauch- und Segelrevier machen St. Lucia zum karibischen Traumziel.

Die Inselhauptstadt Castries liegt in einer tief eingeschnittenen Bucht im Nordwesten. Für die Engländer war der Hafen einstmals eine ideale, weil leicht zu verteidigende Bastion und wichtigster Umschlagsplatz vor allem für Bananen. Weil Castries nicht nur heftig umkämpft war, sondern auch noch vier Großbränden zum Opfer fiel, blieb von dem kolonialen Charme nicht viel übrig. Die im Schachbrettmuster wiederaufgebaute Hauptstadt beherbergt rund 16 000 Einwohner. Der nach dem 2017 verstorbenen Literaturnobelpreisträger benannte Derek Walcott Square ist der zentrale Platz, an dem die öffentliche Bibliothek in einem wuchtigen viktorianischen Gebäude liegt. Ihr gegenüber erhebt sich die graue neugotische Kathedrale der Unbefleckten Empfängnis mit überraschend farbenprächtigen Bibelillustrationen.

Ein Muss sind für jeden Kreuzfahrtpassagier die zu einem Shoppingdorf angeordneten Duty-free-Shops am Pointe Séraphine nicht unbedingt, gewiss aber an Sonnabenden die große Markthalle beim Elisabeth-II.-Dock, wenn die Frauen der Stadt und der Umgebung Obst, Gemüse, Gewürze und Kunstgewerbliches in einem grellbunten Treiben feilbieten.
Ein schönes Ausflugsziel ist im Norden der Hafen Gros Islet, in dem noch immer die kleinen bunten Boote der Fischer die Atmosphäre ausmachen. Deren Fang wird gleich nach der Rückkehr vom Meer von neugierigen Hausfrauen und Köchen in Augenschein genommen. Das an sonstigen Attraktionen arme Städtchen blüht ganz besonders freitags auf, wenn Hunderte Einheimische und Touristen zum Jump Up zusammenkommen. Dann er-

LADERA RESORT

Soufrière, Tel. +1/758 459 66 00, www.ladera.com. 27 Zimmer, Suiten und Villen, DZ ab $ 700.
Telefone oder TV-Geräte in den Zimmern gibt es hier nicht. Dafür grüßen die Pitons über die Jalouie Bay zur Hotelanlage herüber und bieten Entspannung pur. Erstaunlich: Eine Klimaanlage ist wegen des ständigen leichten Windes unnötig. Allein ein Moskitonetz bietet Schutz vor unliebsamen nächtlichen Quälgeistern. Die Anlage oberhalb der Bucht ist einen 20-minütigen kostenlosen Autoshuttle von Strand und Meer entfernt. Wer in den Wintermonaten das einmalige Panorama genießen will, sollte lange im Voraus reservieren.

East Winds Inn
La Brelotte Bay, Gros Islet, Tel. +1/758 452 82 12, www.eastwinds.com. 31 Wohneinheiten, DZ all-inclusive ab $ 600.
Die Gäste wohnen in geschmackvollen Cottages in einer blütenreichen Parkanlage gleich südlich der Rodney Bay. Klare Linien und geschmackvolle Einrichtung dominieren in den Unterkünften, Mahlzeiten gibt es in dem wie ein Clubhaus wirkenden Restaurant direkt an der La Brelotte Bay.

schallt Soca- und Reggae-Musik in allen Gassen und Bars, es wird öffentlich gegrillt und getrunken. Am Ende der Bucht bietet der Pigeon Point nicht nur Ruinen britischer Befestigungsanlagen, sondern auch einen fantastischen Ausblick aufs Meer, den schon Mitte des 16. Jahrhunderts der französische Pirat François Le Clerc schätzte.

Soufrière, ein Mythos mit zwei Zuckerhüten

Auf dem Weg von Castries nach Soufrière liegt mit der Marigot Bay eine von drei Seiten mit dichtem Grün eingerahmte märchenhaft schöne Bucht, die zu jeder Zeit einen Besuch lohnenswert macht. Hohe Palmen werfen lange Schatten am dunklen Strand, dunkelgrüne, von üppigem tropischen Regenwald bewachsene Hügel umgeben Soufrière wie ein Amphitheater. Die beiden knapp 800 Meter hohen Gipfel der wie Zuckerhüte geformten Vulkankegel, die Pitons, ragen dramatisch und steil aus dem Karibischen Meer. Sie vervollkommnen das Bild

von der schönsten Bucht St. Lucias, die als ein Wahrzeichen der Karibischen Inseln schlechthin gilt. Von Soufrière starten Minibusse und Ausflugstaxis zu den nahe gelegenen Sulphur Springs, Überresten eines einst aktiven Vulkans, der vor rund 250 Jahren letztmalig auf sich aufmerksam machte. Auf sorgsam markierten Wegen darf man sich an faulig riechenden Blubbertöpfen und schwefeligen Schlammlöchern vorbeibewegen.

Inmitten des bergigen Südens, im Hinterland von Soufrière, dort, wo keine Straße mehr die Insel durchquert, breitet sich ein 200 Quadratkilometer großes Areal tropischen Regenwalds aus. In den dichten grünen Wäldern, die Besucher im Rahmen einer geführten Wanderung erkunden dürfen, wachsen Mahagoni und riesige Gummibäume, flattern Papageien und gigantische Schmetterlinge durch die Lüfte und trinken Kolibris mit rasend schnellem Flügelschlag den Nektar aus Hibiskus- und Orchideenblüten. Die großartigen Naturschauspiele sind immer wieder ein Erlebnis.

34 Barbados

»Little England« unter tropischer Sonne

Barbados ist die östlichste Insel der Kleinen Antillen. Über 100 Kilometer lange Sandstrände im Süden und Westen, dazu eine wilde Ostküste, an der sich die Wogen des Atlantiks brechen, gehören zu ihren Hauptanziehungspunkten. Über 300 Jahre britische Kolonialherrschaft haben deutliche Spuren hinterlassen: englische Sitten und Gebräuche sowie Zuckerrohrplantagen, auf denen immer noch das bekannteste Exportgut produziert wird – Rum.

Die Polizei wacht auch über Surfer (oben rechts). Rum und seine Variationen: im Shop der Mount Gay Rum Destillery in Bridgetown (oben links). Eine traumhafte Lage auf den Klippen am Meer und mit Antiquitäten eingerichtete Räume machen das Crane Resort zu einer der feinsten Adressen der Karibischen Inseln (nächste Seite links).

Der portugiesische Kapitän Pedro a Campo gab dem bis zu 343 Meter hohen, zu den Küsten hin treppenartig abfallenden Korallenplateau am Rande des Atlantiks 1536 den malerischen Namen Isla de los Barbados. Übersetzt heißt dies »Insel der Bärtigen«. Die Luftwurzeln der Feigenbäume erinnern an lang herunterhängende Bärte und waren wohl Auslöser der Namensgebung.

Bereits Im Jahr 1639 erhielt die damals seit gut einem Dutzend Jahren zum englischen Königreich gehörende Insel ihr erstes Parlament, was sie zu den ältesten Demokratien im angloamerikanischen Raum macht. Die Sklaverei, auf deren Grundlage riesige Zuckerrohrplantagen entstanden, wurde allerdings bedauerlicherweise erst knapp 200 Jahre später abgeschafft. Viele der heutigen gut 280 000 Einwohner sind Nachfahren der in die Freiheit entlassenen Leibeigenen westafrikanischer Herkunft. Sie nennen sich voller Stolz Barbadian oder Bajan und leben zu gut einem Drittel in der munteren und schönen Hauptstadt Bridgetown.

Bridgetown – Hauptstadt am Constitution River

Trotz mehrerer Hurrikans sowie eines Großbrands 1860 wurde Bridgetown an der Südwestküste wegen seines geschützten Hafens bald wichtigster Ort auf der Insel. 30 Jahre früher als das englische Mutterland stellte man 1813 hier eine Skulptur des berühmten Mari-

neoffiziers Horatio Nelson auf dem ehemaligen Trafalgar und heutigen National Heroes Square auf. Dem britischen Seehelden war es gelungen, Spanien und Frankreich daran zu hindern, sich die Insel einzuverleiben. Trotzdem wurde sein Standbild in jüngster Zeit als Symbol der ehemaligen Kolonialmacht immer wieder in Frage gestellt.

Die angrenzende Broad Street ist schon seit dem 17. Jahrhundert die zentrale Shopping-meile der Hauptstadt, heute für die Kreuzfahrt-touristen ein großer Duty-free-Shop. Ein illustres Bild bietet die südlich gelegene Careenage mit ihrem Treiben. Früher wurden hier die Segel-schiffe generalüberholt, heute gehen schmucke Jachten vor Anker, und Fischer vermarkten ihren Fang; früher wurden in den Lagerhäusern die Güter für den Inselbedarf angelandet, heute sind vom Südufer bis zum Pierhead Geschäfte und Restaurants aufgereiht.

Die Strände gehören allen

Von Bridgetown führt der Spring Garden Highway Richtung Norden zu den silbrigweißen und feinsandigen Buchten der berühmten Platinküste. Zwar liegen in den schönsten Badebuchten auch herrliche Villen und Anwesen hinter hohen Hecken und in gepflegten Parkanlagen versteckt, da die Küste auf Barbados jedoch der Allgemeinheit gehört, nutzen viele die Möglichkeit, bei Strandwanderungen einen Blick auf die Domizile zu erhaschen. Im Folkestone Marine Park & Visitor Center kann der Besucher nördlich von Holetown einen Blick in die faszinierende Unterwasserwelt der Karibik werfen. Speightstown, die nach Bridgetown zweitwichtigste Stadt der Insel und noch weiter im Norden gelegen, ist mit ihrer exklusiven Wohnanlage und der privaten Marina Port St. Charles nicht nur zu einem sehr wichtigen Anziehungspunkt für den gehobenen Tourismus geworden, sondern zudem dank umfassender Restaurierungen zu einer stilvollen Attraktion herangereift, die von allen Besuchern geschätzt wird.

An der Ostküste sind die Surfer

In Bathsheba an der Ostküste, wegen seiner vom offenen Atlantik heranrollenden Wellen zur Surferhochburg erkoren und wegen seiner brodelnden Brandung Soup Bowl getauft, wartet das Kontrastprogramm auf den Besucher. Mondäne Resorthotels – Fehlanzeige. Dafür gepflegte Unterkünfte mit Panoramablick aufs Meer, einfache Herbergen und eine authentische Bajan-Küche mit Fliegenden Fischen (auf dem Teller) und anderen Köstlichkeiten des Meeres.

Selbst beliebteste Strände bieten abseits
der Hotelanlagen ruhige Stellen. Es sei
denn, ein eiliges Motorboot passiert die
Insel. Süßes Nichtstun am Palmenstrand.
Zur Abwechslung und leichten Abkühlung
nur unterbrochen von einem kurzen Bad
in der Karibischen See.

Im Umfeld des Vulkans Soufrière (oben links) gedeiht üppiger Regenwald und wachsen Bananen (oben rechts).

35 St. Vincent

Grüner Smaragd in der Karibischen See

Tropischer Regenwald bedeckt den »Edelstein der Antillen« fast vollständig. St. Vincent hat sich neben Dominica in jüngster Zeit einen Namen als Paradies für Ökotouristen gemacht. Verschiedene Veranstalter bieten Wanderungen durch den Regenwald an, die bis zum Rand des 1234 Meter hohen, nur schlafenden Vulkans Soufrière führen können. Dessen letztem Ausbruch vor gut 30 Jahren fiel dank eines ausgebauten Frühwarnsystems niemand mehr zum Opfer.

Im Südwesten liegt Kingstown, die Hauptstadt von St. Vincent, in der gut 14 000 der ca. 120 000 Einwohner zählenden Inselbevölkerung lebt. Etwa 90 Prozent von ihnen sind schwarzafrikanischer Herkunft. Im abgeschiedenen Norden siedeln noch einige hundert Black-Caribs, mit zumindest teilweise indianischen Vorfahren. Kingstown bietet bis auf die beiden Kathedralen St. George und St. Mary sowie einen quirligen Markt nur wenige Attraktionen. Im botanischen Garten wachsen die direkten Abkömmlinge des ersten Brotfruchtbaums, den Captain Blight als Setzling mit der »Bounty« aus der Südsee hierhergebracht hat.

Verschiedene versteckte Buchten und Strände wie die Wallilabou oder die Cumberland Bay werden meist von Booten angesteuert, die hier Rast machen oder über Nacht Anker werfen.

Wanderung zum Soufrière-Krater: Am Nordende des Leeward Highway bei Richmond beginnt der Wanderweg zum Soufrière. Wer über eine gute Kondition verfügt, kann die Strecke mit einem örtlichen Führer in rund drei Stunden schaffen. Nach den Bambushainen und tropischen Pflanzen an der Küste taucht man bald ein in den Regenwald. Später wird die Vegetation kärglicher und von Bahnen längst erkalteter Lava unterbrochen. Am Kraterrand gedeihen nur noch Moose und Flechten. Dünne Rauchschwaden aus Bodenspalten zeigen, dass der Vulkan nur schläft.

❧ Bequia und die nördlichen Grenadien

Robinsoninseln zwischen Grenada und St. Vincent

Puderfeine, von der Sonne beschienene Sandstrände in einsamen Buchten, meist dekorativ von schattenspendenden Palmen gesäumt, dazu eine türkisfarbene See, traumhafte Schnorchel- und Tauchreviere – die Inselkette der etwa 35 Grenadinen ist der wahr gewordene Traum eines Paradieses. Zusammen macht die Landfläche der ins Meer getupften Eilande gerade einmal knapp 50 Quadratkilometer aus, ein Drittel davon entfällt allein auf Bequia.

Wem die wundervollen Strände auf Bequia nicht reichen (oben links), der kann sich eins der zahlreichen Boote für einen Abstecher nach Mustique mieten (oben rechts).

Nur acht der nördlichen Grenadinen sind bewohnt. Bequia, Canouan, Mustique und Union Island können mit kleinen Flugzeugen angesteuert werden, Bequia, Canouan, Clifton und Mayreau haben Fährverbindungen nach St. Vincent. Jedoch ist es auch für Einzelgänger und Individualisten ohne eigenes Segelboot ein Leichtes, an einem der zahlreichen kleinen Jachthäfen eine Passage auszuloten, ob zur nächsten Insel oder für einen ganzen Törn. Weil sich über dem nur 230 Meter hohen Mount Pleasant zuweilen eine leichte Bewölkung formiert, nannten die Kariben die Insel Bequia, Insel in den Wolken. Ihr Hauptort, Port Elizabeth, liegt in der von Bergrücken umgebenen Admiralty Bay und bietet mit ihrem wundervollen Naturhafen zahllosen Jachten Schutz. Die älteren Häuser des Orts versprühen mit ihren im Gingerbread-Stil gemalten und geschnitzten Verzierungen den karibischen Charme, den nicht nur Segler so sehr lieben. Die Osterregatta, an der nur Arbeitsboote und Fischer teilnehmen dürfen, gehört zu den Saisonhöhepunkten. Bequia verfügt wie alle Grenadinen über herrliche Strände. Einer der schönsten ist die sichelförmige Hope Bay unterhalb des Mount Pleasant.

Auf Mustique residiert der Jetset

15 Kilometer südöstlich von Bequia liegt die Privatinsel Mustique. Hierher zieht es den internationalen Jetset, seit es Prinzessin Margret,

die Schwester der englischen Queen, nach ihrer Hochzeit mit ihrem Mann hierher verschlug. Peu à peu ließen sich Adel, Popgrößen und Hollywoodstars in einer der abgeschirmten 80 Villen oder im ehemaligen Plantagengutshaus nieder, um hier ihr Seemannsgarn zu spinnen oder einfach nur zu entspannen. Es versteht sich von selbst, dass die Mick Jaggers, Raquel Welchs und Finanzoligarchen dieser Welt in der legendären Basil's Bar nicht ständig auf Tagestouristen stoßen möchten. Dennoch gibt es neben den anlaufenden Segeljachten auch die Möglichkeit, Mustique mit der inseleigenen Fluggesellschaft zu erreichen. Und von den Villen lässt sich die Hälfte zu bestimmten Zeiten mieten. Von den sechs Stränden der zerklüfteten Küste gilt Macaroni Beach als der beste Tipp. Hier bildet der weiße Sandstrand mit dem in Blau- und Grüntönen schimmernden Meer einen besonders schönen Kontrast. Die Insel Canouan heißt übersetzt »Schildkröte«. Einst waren die Strände des Eilands Refugium für Meeresschildkröten, in dessen warmen Sand sie ihre Eier vergruben. Die knapp 600 ständigen Bewohner, meist als Bedienstete in

den Unterkünften oder in Dienstleistungseinrichtungen beschäftigt, leben in den beiden Siedlungen Lovell und Dover's Village.

Mayreau besitzt eine Straße – und zwei Autos!

Das gerade einmal drei Quadratkilometer große Inselchen Mayreau besitzt eine Straße. Auf der sieht man sogar manchmal Autos fahren. Denn schließlich gibt es hier zwei fahrbare Untersätze. Allerdings wurde noch keine Ampel errichtet. Der Rest der knapp 300 Inselbewohner liebt es, zu Fuß zu gehen. Vor allem zu einem der fantastischen Strände. Zum Beispiel zur kleinen Traumbucht Salt Whistle Bay im Norden, die mit ihren vorgelagerten Riffen im Übrigen ein wahres Paradies für jeden Schnorchler und Taucher ist. Falls einem der »Trubel« – immerhin gibt's hier ein Strandrestaurant – jedoch auf die Nerven geht, kann man sich auf die benachbarten und ruhigeren Tobago Cays zurückziehen, wo Petit Bateau, Jamesby und Petit Tobac zu den traumhaftesten Stränden der Karibik gehören. Da die empfindlichen Riffe gefährdet waren, wurden sie als National Marine Park unter Schutz gestellt.

MUSKAT, VANILLE, ZIMT – GRENADA IST EIN GEWÜRZ- UND KRÄUTERGARTEN

Sie wird die Gewürzinsel genannt, Spice Island, und tatsächlich versorgt Grenada die Küchen der Welt mit einer Vielzahl würziger Zutaten, ohne die viele Gerichte fade schmecken würden. Eine Fülle verschiedener Früchte wächst in der freien Natur, auf Plantagen und in den Gärten von Kleinbauern. Der eigentliche Schatz des kleinen Eilands sind jedoch seine Kräuter und Gewürze, die der Markt in St. Georges bereithält. Muskatnüsse bilden dabei die pikante Spitze der Appetitanreger, zu denen sich Lorbeer, Vanille, Thymian, Zimt, Gewürznelken, Pimento, Tumerik (unechter Safran), außerdem Pfeffer, Chili und Ingwer gesellen. Hinzu kommen zahlreiche Kräuter und Rinden mit heilenden und anregenden Kräften. Tee aus Blättern des Bitterfence-Busches soll Erkältungen lindern, ein Salat mit Blättern des Prickly Pear Kaktus kann Frauen die schlimmsten Schmerzen bei der Geburt lindern, ein Fruchtwein mit Extrakten aus der Rinde des "Bois bande" Baumes verspricht nicht nur Hilfe bei Gliederschmerzen, sondern gleichzeitig Wunderwirkungen als Aphrodisiakum.

Nach dem Törn geht es wieder an Land: Übersetzen auf Bequia im Sonnenuntergang (links). Glasklares Wasser der Tobago Cays, Grenadinen (linke Seite).

Calypso – Im Rhythmus der Inseln

Eines ist sicher, die griechische Nymphe Calypso, die den von Troja heimfahrenden Odysseus mit ihren Reizen sieben Jahre auf ihrer Insel festhielt, muss eine ähnliche Faszination ausgestrahlt haben wie die Musik, die unter gleichem Namen in der südöstlichen Karibik die Menschen in Bewegung und gute Laune versetzt.

Kaiso, westafrikanische Spottlieder, die mit den geraubten Sklaven aus Afrika in die Karibik gesegelt sind, gelten als ein Ursprung des Calypso. Als »Gut gemacht, bravo« könnte man den Begriff für diese frechen und fröhlichen Gesänge übersetzen. Heute noch bezeichnet man auf Trinidad als »Kai-so« die Tradition, mit Spottversen voll gesellschaftlicher und persönlicher Anspielungen Obrigkeiten oder sich selbst durch den Kakao zu ziehen.

Die rhythmischen Lieder der schwarzen Feldarbeiter auf den Zuckerrohrplantagen entwickelten sich als Frage-und-Antwort-Spiel oder im Wechsel von Text und Refrain mit einem Vorsänger. Mit unverblümter Sprache, aber im kreolischen Dialekt verhöhnten sie die weißen Plantagenbesitzer. Sie gelten als eine der Wurzeln des Calypso, der auch musikalische Traditionen der Franzosen und anderer europäischer Kolonialmächte in sich aufnahm. In den ersten Jahrzehnten des 20. Jahrhunderts entwickelte sich der Calypso aus rudimentären, improvisierten Formen zu einem eigenen Musikgenre, zunächst auf Trinidad, dann schnell auf Grenada und anderen Inseln der südlichen Kleinen Antillen. Noch heute kann es passieren, dass bei einem Calypso-Konzert in einem Hotel auf St. Lucia der Sänger schnell Daten aus dem Leben eines Gastes abfragt, um sie sofort als Stehgreif-Dichtung in einen Calypso einzuarbeiten.

Der Panorama Wettbewerb gehört zu den Höhepunkten des Karnevals auf Trinidad (oben und rechts oben). Ein Leben ohne Musik? Unmöglich in der Karibik! (unten). Steel Pan mit Schlägeln (rechts unten).

Auch wenn inzwischen ausgefeilte mitrei-ßende Kompositionen die langsamen, wenig variantenreichen Melodien der frühen Jahre ersetzt haben, sind die Texte noch immer wichtiger als bei vielen anderen Musikformen. Spott- und Ulklieder mit satirischen und derben Texten, die Politik, Sportereignisse oder die Sexualmoral mit Zweideutigkeiten aufs Korn nehmen, gehen weit über muntere Folkloredarbietungen für Touristen hinaus. Die Balladen im Zweiviertel- und Viervierteltakt werden begleitet von der Shak-shak, einer Rassel, verschiedenen Gitarren sowie der Tamboo bamboo, einer Art Trommel aus Bambusstämmen. Auf Trinidad haben sich zuerst neben den traditionellen Calypso-Tuk-Bands Steelbands formiert. Ihr Instrument ist die Steel Pan und die Bandstärke kann von zehn Mitgliedern bis zur Orchestergröße reichen. Die Pans, leere, zu me-lodischen Trommeln gehämmerte Ölfässer, sind eine ureigene karibische Erfindung. Sie wurden entwickelt, nachdem die britische Kolonialverwaltung die Tamboo bamboo verboten hatte. Trommeln gehören zum afrikanischen Erbe, sie symbolisieren den Herzschlag, den Rhythmus des Lebens. Zu den afrikanischen Traditionen fügten sich Elemente französischer und britischer Musikkultur, südamerikanische Rhythmen, asiatische Klänge indischer Vertragsarbeiter und der Soul und Jazz der Schwarzen Nordamerikas. Die melodischen, an eine Mischung aus Glockenspiel und Vibrafon erinnernden Töne der Bass-, der Cello-, der Guitar-, der Tenor- oder der Ping-Pong Pan füllen den Raum bei Konzerten mit ihrem Klang. Virtuose »Pan Wizards« wagen sich sogar an Symphonien von Beethoven, ebenso wie an Volkslieder oder aktuelle Calypso-Hits.

Gibt es ein Traumbild von der
Bucht, in der wir unser Dasein als
Schiffbrüchige fortsetzen möchten?
Und wenn auch nur einmal für ein
paar Tage? Hier ist es – Crescent
Beach, Bequia!

37 Grenada

Im Zeichen der Muskatnuss – Gewürzinsel der Karibik

Südlich der malerischen Hauptstadt Grenadas erstrecken sich traumhafte Strandbuchten. Entlang der Küsten kultivieren Kleinbauern exotische Früchte und Gewürze. Im Inselinnern wächst tropischer Regenwald. Neben Indien und Indonesien gehört Grenada zu den wichtigsten Produktionsländern für Muskatnüsse weltweit. Die Muskatnuss ist für Grenada so bedeutend, dass man sie aus Dankbarkeit ins Staatswappen aufgenommen hat. Außerdem gedeihen Bananen und Kakao, Pfeffer, Ingwer, Vanille und Zimt.

Schon die Muskatnuss (unten rechts) im Staatswappen weist auf ihre Bedeutung für Grenada hin. Überhaupt ist die Insel reich an wohlriechenden Gewürzen (unten links). Die Hauptstadt St. George's (rechte Seite) und ihr idyllischer Naturhafen.

Für eine Umrundung Grenadas sind nur wenige Dutzend Kilometer zurückzulegen. Die haben es auf der mit US-Geldern ausgebauten Küstenstraße aber in sich. Es erwarten den wegen des Linksverkehrs möglichst im Uhrzeigersinn fahrenden Besucher kleine Dörfer wie Grand Mal, Happy Hill oder Beauséjour, Wasserfälle wie die Concord oder die Annandale Falls, Vulkanseen wie der Lake Antoine und südlich der Gewürzmetropole Grenville die zerklüftete Atlantikküste mit malerischen Stränden wie La Sagesse Bay.

Politische Turbulenzen in der Vergangenheit

Vor weniger als 30 Jahren geriet Grenada plötzlich in die Weltpresse. Eine Union linker Organisationen und Gruppen mit dem Rebellen Maurice Bishop an der Spitze hatte den Despoten und Premierminister Grenadas, Eric Gairy, gestürzt und begonnen, soziale Reformen durchzusetzen. Als Bishop 1983 bei internen politischen Konflikten liquidiert wurde, ließ der damalige US-Präsident Ronald Reagan mit 6000 Marines die Inselmiliz kaltstellen und eine den USA genehme Regierung installieren. Davon war 1498 nichts zu erahnen, als Christoph Kolumbus die Insel entdeckte und »Concepción« taufte. Der Ursprung des Namens »Grenada« indes ist nicht belegt, jedoch wird vermutet, dass die Insel von spanischen Seeleuten später nach der Stadt Granada umbenannt wurde. Eine Besiedlung durch die Eng-

MACA BANA VILLAS

Point Salines, Tel. +1/473 439 53 55,
www.macabana.com,
7 Wohneinheiten ab $ 550.
Das dekorative Hüttendorf blickt von einem
Hügel aufs Meer. Jedes Häuschen ist indivi-
duell eingerichtet und korrespondiert mit
Bäumen und Blumen der Gartenanlage.
Die geschmackvolle Ausstattung schließt
eine exzellente Küche und ein Bad mit
privatem Whirlpool ein.
LaLuna Romantic Hotel & Spa
Morne Rouge, St. George's,
Tel. +1/473 439 00 01, www.laluna.com.
16 Cottages ab $ 450.
Karibik mit fernöstlichem Touch an der
Südspitze der Insel mit dem herrlichen
Strand bei Quarantine Point vor der Tür.
Jedes der Cottages verfügt über einen
privaten Pool und ein balinesisches
Himmelbett. Das Hotelrestaurant liegt nur
wenige Meter vom Meer entfernt.

länder war am Widerstand der wehrhaften Kariben gescheitert. Als die Franzosen Mitte des
17. Jahrhunderts den Gastgeschenken Kugeln
und Kanonen folgen ließen, stürzten sich die
hoffnungslos unterlegenen Indianer wie Lem-
minge von der nördlichen Klippe Caribs' Leap
bei Sauteurs in den Tod.

Malerische Inselhauptstadt
mit langem Strand

Heute schätzen die Urlaubsgäste die Karibikinsel wieder ohne Einschränkungen. Besonders
beliebt: das mehr als drei Kilometer lange, von
Palmen beschattete Sandband der sichelförmigen Grand Anse Bay sowie die kleineren
Morne Rouge und Portici Beach in direkter
südlicher Nachbarschaft der etwa 5000 Einwohner zählenden Hauptstadt St. George's.
Deren malerischer und munterer Naturhafen
Carenage rund um die Wharf Road und die
Uferpromenade erfreut sich immer größerer
Beliebtheit bei Kreuzfahrtschiffen und Segeljachten. Kurz hinter der öffentlichen Bibliothek, die bereits seit 1892 in einem ehemali-
gen Lagerhaus eingerichtet wurde, führen
Straßen und Treppen hinauf zum Fort George.

Auf dem Weg dorthin liegt das Grenada National Museum, in dem man sich über die wech-
selvolle Geschichte der Insel und ihrer Einwohner informieren kann. Reizvoll ist ein Besuch
des bunten Markts zwischen Hillsborough und
Granby Street, der besonders an Sonnabend-
vormittagen alles auffährt, was die Gärten,
Plantagen und Werkstätten der Insel so herge-
ben. Vor allem Gemüse, Früchte und Gewürze
türmen sich an den Ständen in einer unglaub-
lichen Vielfalt und werden von selbstbewuss-
ten einheimischen Marktfrauen angepriesen.

Wege durch den dichten
tropischen Regenwald

Im Inselinnern lockt der umwerfende Grand
Etang National Park mit einem Kratersee, der
von dunkelgrünem tropischen Regenwald umgeben ist. Gut markierte Wanderwege führen
zu spektakulären Aussichtspunkten, malerischen Wasserfällen und fischreichen Bächen.
Das Besucherzentrum des Grand Etang Nationalparks befindet sich im geografischen Zentrum der Insel und liegt direkt am See. Es informiert unter anderem über die seltenen
Heilpflanzen, die im Urwald wachsen.

Größe, Trocknung, Lagerung, Sortenreinheit: Die kostbaren Muskatnüsse bilden den Reichtum von Grenada. Auch die Blüten finden in der Küche Verwendung.

FIRE POINT

Sandy Isle und Jack-A-Dan oder Petit Martinique locken mit noch größerer Ruhe und Abgeschiedenheit als Carriacou sie an schönsten Stränden ohnehin bietet (oben und rechts).

38 Carriacou

Himmlische Ankerplätze mit 'ner Buddel voll Rum

Zu Grenada gehören Petit Martinique und die nördlich gelegene »Insel der Riffe«, Carriacou. Wegen ihres schon von den Kariben gefürchteten zerklüfteten Charakters und der Korallenriffe hat die größte Grenadineninsel besonders viele Freunde unter den Schnorchlern und Tauchern dieser Welt. Und mehr als irgendwo sonst in der Karibik gilt unter den gut 5000 Einwohnern das von Reggae und Rum untermalte Chillen als erste Bürgerpflicht.

Hauptort der Insel ist das weniger als 1000 Seelen zählende Fischerdorf Hillsborough an der Westküste. Eigentlich gibt es hier nur drei Dinge: 1. Rum, 2. Rum und 3. drumrum alte Zuckerrohrfelder für die Rumherstellung. Ach ja, und die in der Karibik berühmte Folkgruppe Big Drum Dance. Spaß beiseite. Die Musikgruppe existiert wirklich. Und Hillsborough nennt sogar einen Flugplatz, einen Pier, ein paar Läden für die wichtigsten Dinge des Lebens, Restaurants und tatsächlich diverse Rumshops sein Eigen.

Kleine Fähren setzen zu den 20 Minuten entfernten Inselchen Sandy Isle und Jack-A-Dan über. Auf den Sandbänken befinden sich die schönsten Strände. Allerdings wird es noch et-

was dauern, bis die schattenspendenden Palmen nach ihrer Vernichtung durch den Hurrikan Iwan 2004 wieder ihre alte Größe und Schönheit erreicht haben.

Zu klein, um den US-Marines aufzufallen

Es erstaunt nicht, dass die überwiegend vom afrikanischen Kontinent stammende schwarze Bevölkerung immer dann ihr Wohlverhalten gegenüber der Zentralregierung auf Grenada diskutiert, wenn sich hier Debatten über das Schmugglerunwesen entwickeln. Kurios auch, dass die in ihrem Innern von einer fast 300 Meter hohen Bergkette durchzogene Insel 1983 von den amerikanischen Marines bei ihrem militärischen Einsatz in Grenada zunächst

übersehen wurde. Als diese ihren Fauxpas eine Woche später korrigierten, warteten die Carriacouden schon auf ihre Eroberer. Aber nicht mit Waffen, sondern mit Rum.

Dass das hochprozentige Getränk auch ein Katalysator für die Rituale der Insulaner ist, darf angenommen werden. Sie fußen aber vor allem noch auf den Traditionen ihrer westafrikanischen Heimat. Trommeln, Gesänge, der Kromantintanz, in dem Geister der Ahnen vor allem bei Geburten, Hochzeiten, Beerdigungen um Schutz und Unterstützung angerufen werden, haben im Alltag der Einheimischen nach wie vor ihren festen Platz. Durch die Abgeschiedenheit ihres Lebensraums sind diese dem Voodoo auf Haiti und dem Xango auf Trinidad ähnlichen Kulte wohl lebendig und präsent geblieben.

Das trifft allerdings nicht auf die Bewohner von Windward im Nordosten zu, denn die mit wesentlich hellerer Hautfarbe ausgestatteten Bootsbauer stammen von Vorfahren aus dem schottischen Glasgow – ein ähnliches Phänomen wie auf der nördlichen, zu St. Vincent gehörenden Grenadineninsel Bequia oder auf den Abaco Islands der Bahamas.

Die Tree Oysters stehen bei Gourmets hoch im Kurs

Nicht nur bei empfindlichen Stürmen ist die südwestlich gelegene, tief eingeschnittene und dadurch schützende Tyrell Bay ein beliebtes Ziel der Segler. Die Bucht wird von schönen Sandstränden zwischen Mangrovendickicht gesäumt. Hier reifen formidable Austern heran, die Tree Oysters, die von Gourmets überaus geschätzt werden. In den Bars des angrenzenden malerischen Dörfchens Harvey Vale lassen sie sich wunderbar schlürfen.

Wem das alles noch zu turbulent ist und wer es noch eine Umdrehung ruhiger und stiller braucht, lässt sich nach Petit Martinique, kurz PM, übersetzen. Die vier Kilometer nordöstlich gelegene, knapp zwei Quadratkilometer kleine und auf ihrem Zenit 225 Meter hohe Insel mit ihren knapp 900 meist von französischen Siedlern abstammenden Bewohnern lebt vom Fischen, vom Bootsbau und von Bootsreparaturen sowie einem kleinen Handel mit Gütern aller Art. Dass sich darunter auch reichlich Schmuggelware aller Art und Herkunft befinden soll, dürfte wahrscheinlich wohl nur ein Gerücht sein.

MUSKATNUSS UND ANDERE GEWÜRZE

Spice Island, Gewürzinsel, lautet der Beiname für Grenada. Und tatsächlich deckt die kleine Karibikinsel in guten Jahren bis zu 20 Prozent des weltweiten Bedarfs an Muskatnüssen. Die bilden jedoch nur die pikante Spitze der Appetitanreger, zu denen sich Lorbeer, Vanille, Thymian, Zimt, Gewürznelken, Pimento, Turmerik (unechter Safran), außerdem Pfeffer, Chili und Ingwer gesellen. Hinzu kommen zahlreiche Kräuter und Rinden mit heilenden und anregenden Kräften. Auf dem Markt von St. Georges können Urlauber wie betäubt zwischen den Gewürzständen wandeln und auch einige interessante Mischungen erstehen. Creme de Menthe, als Mixgetränk mit Rum, soll angeblich bei Magenproblemen helfen, der Wonders of the World Tea mit Blättern vom Bitterfence-Busch wird gegen Erkältungen angewendet. Heimlicher Verkaufsschlager ist jedoch ein Wein aus der Rinde des Baums Bois Bande, der nicht nur Gliederschmerzen lindert, sondern auch als Aphrodisiakum wahre Wunderdinge bewirken soll.

39 Tobago

Tropische Idylle mit Traumstränden und Regenwald

Trinidad und Tobago liegen als südlichste der karibischen Inseln nur einen Steinwurf vom südamerikanischen Festland entfernt. Die beiden Inseln, die 1889 vom britischen Empire zu einer Kolonie vereinigt wurden, haben dies 1976 als gemeinsame präsidiale Republik bestätigt – und könnten doch nicht verschiedener sein. Tobago hat den Part der kleinen, stilleren Schwester übernommen und führt bereitwillig ein Aschenputteldasein.

Little Tobago ist das Vogelparadies schlechthin (unten links). Blick vom Pigeon Peak auf die Küste (unten rechts). Die Englishman's Bay gilt als schönster Strand auf Tobago (rechte Seite oben).

Um zu verstehen, wie entspannt die Menschen auf Trinidad und Tobago sind, ist eine kleine Anekdote von der Fußballweltmeisterschaft 2006 in Deutschland hilfreich: Die Soca Warriors, wie die Nationalmannschaft im Volksmund nach der beliebten Steeldrum-Musik genannt wird, war sehr exklusiv im norddeutschen Rotenburg/Wümme untergebracht. Während andere Teams sich hermetisch abriegeln und schützen ließen, spazierten die Socas gelegentlich in Badelatschen durch den Ort, trugen auf einem Mittelaltermarkt ein Freundschaftsspiel gegen die Marktbetreiber aus. Und als ihr Staatspräsident Maxwell Richards sie besuchen wollte, fuhr er inkognito mit der Regionalbahn von Hamburg aus in die Provinz und ließ sich, zum Schrecken der lokalen Promi-nenz, am Bahnhof den Weg zum Hotel seiner Nationalmannschaft erklären.

Mehr als 30-mal wechselte Tobago seinen Besitzer

Dass diese Lockerheit auf die Tabakspfeife der indianischen Ureinwohner zurückgeht, nach der Tobago benannt ist, darf bezweifelt werden. Ebenso wie das Gerücht, es könnten regelmäßig auch andere Ingredienzen in diesen Pfeifen mitgeraucht werden. Da trifft schon eher die Vermutung zu, dass die Bewohner des von Engländern und Franzosen, Spaniern, Holländern und Piraten heiß umkämpften Paradieses sich irgendwann erschöpft entschieden haben, an den Auseinandersetzungen der Europäer weder etwas ändern zu können,

BUCCOO REEF

Für Jacques Cousteau, den weltberühmten Meeresforscher und Entdecker, war das Buccoo Reef die Nummer drei in seiner ganz persönlichen Hitliste spektakulärer Korallenriffe auf der Welt. Von Buccoo Point, Pigeon Point und Store Bay fahren Glasbodenboote zu den Korallengärten; Schnorchler und Taucher können einen noch direkteren Blick auf die farbenprächtige Unterwasserwelt genießen. Sie gleiten durch Wälder von Korallenbäumen. Elch- und Hirschkorallen haben verwirrend geformte Stämme und Äste gebildet, durch die bunte Rifffische schwimmen. An den Felsen wiegen sich gelbgrüne Fächerkorallen im Takt der Wellen. Hirschhornkorallen haben sich über bucklige Felsen gezogen und sehen aus wie die Windungen eines riesigen Gehirns. Ein Glasfischschwarm bildet einen silbrigen Vorhang. Zwischen Felsen und Korallen wachsen gelb und braun gefärbte Röhren- und Vasenschwämme. Hier wird deutlich: Trotz der reichen Natur von Tobago liegen, seine wahren Schätze unterhalb der Wasseroberfläche.

noch daran teilnehmen zu wollen. Mehr als 30-mal wechselte Tobago seinen Besitzer, ehe das britische Empire es sich 1803 bis zur Unabhängigkeit einverleibte. Und da jede der kämpfenden Mächte glaubte, einen anderen Platz als den besten für eine Festung entdeckt zu haben, gibt es reichlich Ruinen.

Tropische Flora und Fauna

Viel angenehmer und magischer sind dagegen die Klischees, die sich durch Daniel Defoes berühmten Roman *Robinson Crusoe* begründet haben. Den Schauplatz für das Überlebensabenteuer des schottischen Matrosen Alexander Selkirk hatte der Autor auf Tobago angesiedelt, obwohl die Geschichte faktisch auf einer chilenischen Pazifikinsel stattgefunden haben soll. In Anbetracht einer überbordenden tropischen Vegetation, eines außerordentlichen Reichtums an schönsten Stränden wie der berühmten Englishman's Bay beim idyllischen Fischernest Castara im Norden, des Pigeon Point im Westen und einer fantastischen Unterwasserwelt wie des

nicht minder bekannten vorgelagerten Buccoo Reef ist das für die nur etwa 60 000 Bewohner Inselbewohner auch kein Wunder. Auch nicht für deren Gäste, von denen behauptet wird, dass sie sich innerhalb eines Tages alle kennenlernen würden.

Die Bevölkerung Tobagos hat mehrheitlich ihre Wurzeln in Afrika. Vielleicht mit ein Grund, warum das multikulturelle Trinidad gegenüber dem nördlichen Mauerblümchen die Nase rümpft. Auch, weil seine Bewohner hauptsächlich vom Fischfang und der Plantagenwirtschaft leben. Damit das vorerst so bleibt, verweigert das heimische Parlament, das House of Assembly, den regelmäßig von Tourismuskonzernen gemachten Vorstößen, eines der Paradiese mit riesigen Hotelanlagen zu erschließen, die Zustimmung. Zum Glück, denn so kann der um den 576 Meter hohen Pigeon Peak unter Naturschutz stehende dichte Regenwald noch ein Weilchen für die Nachwelt erhalten bleiben – und erst recht die fantastischen Robinson-Crusoe-Strände, mit türkisblauem Wasser und weißem Sand.

Gibt es da noch Zweifel, warum
Daniel Dafoe seinen berühmtesten
Roman »Robinson Crusoe« vom
schiffbrüchigen Sklavenhändler an
die Strände von Tobago verlegte?

Eine Bevölkerung, so bunt und vielfältig wie nirgends sonst auf der Welt, feiert gerne am Strand: Maracas Bay (oben links). In Port of Spain glänzt man mit aufwendigen Kostümen im Karneval (oben rechts und nächste Seite). Die Natur (rechte Seite) ist nicht weniger abwechslungsreich: Wasserfall am Arima River im Asa Wright Nature Center.

40 Trinidad

Asphalt, Öl und Karneval

Der Begriff »multikulti« muss seine Herkunft in der Karibik haben! Wahrscheinlich ist er auf ihrer südlichsten Insel entstanden, denn Trinidad ist der Schmelztiegel schlechthin. Schätzungen zufolge entstammen die etwa 1,3 Mio. Einwohner über 100 Völkern und Volksgruppen von allen Kontinenten. Das drückt sich in zahllosen Festen aus, denn neben den weltlichen Feiertagen begehen die unterschiedlichsten Religionen ihre Festtage. Und Karneval feiern alle zusammen.

Trinidad gehört eigentlich gar nicht zur Karibik. Denn im Gegensatz zu allen anderen Inseln ist es weder durch einen Vulkan noch durch sich ablagernde Sedimente von fleißigen Korallentierchen entstanden, sondern hat sich einfach eines Tages von Südamerika verabschiedet. Der nördliche Zipfel Venezuelas nutzte vor über 10 000 Jahren die letzte Eiszeit, um als Insel ein neues Dasein zu beginnen. Diese Ablösung hatte zuvor auch schon Tobago erfolgreich vollzogen. Flora, Fauna und Landschaft weisen darum starke Übereinstimmungen mit dem Festland auf.

Sehr ungewöhnlich für karibische Verhältnisse ist außerdem, dass die Hauptstadt Port of Spain weniger als 50 000 und im Ballungsraum rund 500 000 Einwohner der insgesamt 1,25 Mio. Trinis beherbergt. Auf ein Landfluchtproblem weist das nicht gerade hin, eher kann man vermuten, dass auch in der Provinz eine gewisse Zufriedenheit herrscht. Wirtschaftlich steht Trinidad nämlich auf sicheren Beinen. Reiche Erdöl- und Erdgasvorkommen sowie im Pitch Lake das weltweit größte Asphaltvorkommen, das bereits Walter Raleigh 1595 zum Kalfatern seiner Schiffe nutzte, begründen einen ungewöhnlich hohen Lebensstandard. Die zwischen den mit Regenwald bewachsenen Gebirgszügen ausgebaute Landwirtschaft ist eher auf Selbstversorgung ausgelegt.

Port of Spain liegt am nordwestlichen Zipfel des Golfs von Paria, eingebettet zwischen Hü-

PITCH LAKE

Zwei Autostunden nördlich von Port of Spain entlang dem Solomon Hocoy Highway wartet mit dem größten Asphaltsee der Welt ein eigenartiges Weltwunder auf den Besucher. Mit einem örtlichen Führer kann das 36 Hektar große Areal erkundet werden. Seit mehr als 100 Jahren wird hier Asphalt abgebaut und weltweit exportiert, da er im Straßenbau beste Verwendung findet. Der Sage nach hat der See einst den indianischen Stamm der Chayma verschlungen. Aus Strafe dafür, dass sie Kolibris verspeist hatten, in denen die Seelen ihrer Vorfahren wohnten. Die naturwissenschaftliche Erklärung von einem Schlammvulkan, dessen jahrhundertelange Aktivitäten aus Öl und Schlämmen schließlich Asphalt entstehen ließen, klingt da fast zu nüchtern.

Ein Spektakel, das man gesehen haben muss, ist der Karneval in Port of Spain. »The greatest Show on earth« nennen die Einwohner von Trinidad ihre Umzüge und Kostümparaden, die mit ungeheurer Leichtigkeit gelebt und von heißen Rhythmen begleitet werden (rechts).

geln. Die Straßen rund um den zentralen Woodford Square in der Downtown sind wie auf dem Reißbrett gezogen. Die Besichtigung der Anfang des 19. Jahrhunderts im neogotischen Stil errichteten Holy Trinity Cathedral lohnt vor allem wegen der kunstvollen Schnitzarbeiten im Chor. Richtung Norden gelangt man zum National Museum & Gallery, in dem in erster Linie temporäre Kunst präsentiert wird, aber auch Kunsthandwerk aus den Karnevalswerkstätten. Der Stadtteil glänzt außerdem mit Einkaufsstraßen und Boulevards, die zum Flanieren einladen. Der nördlicher gelegene Stadtteil Uptown rankt sich rund um den Queen's Park Savannah mit riesiger Rasenfläche und Sportstätten sowie Pferderennbahn. Zudem beherbergt er noch etliche eindrucksvolle Villen und Paläste aus der Kolonialzeit.

Die Mas ist verrückter als in Rio

Wie in Rio de Janeiro ist der jährliche Karneval das mit Abstand wichtigste Fest auf Trinidad.

Auch auf allen anderen Inseln wird ausschweifend gefeiert, doch der Mas, wie er auf Trinidad kurz genannt wird, gilt als um ein paar Umdrehungen bunter, wilder und verrückter. In der Hauptstadt strömen dann Hunderttausende zusammen. Steelbands trommeln sich eine Woche lang die Seele aus dem Leib, Calypsosänger präsentieren ihre neuen Lieder und bewerben sich um den bedeutendsten Titel auf der Insel, den Calypso Monarch, mit Texten, die getränkt sind von Doppeldeutigkeiten und Ironie, gleichgültig, ob es um Liebe oder die Zustände in der Gesellschaft geht. Bis 1978 war dies eine reine Männerdomäne, bis Rose McCartha Lewis sie durchbrach und erstmals als Calypso Rose ausgezeichnet wurde. Den Karneval lebt die ganze Insel und leben alle, die sie eigens dafür aufsuchen. Und sie feiern mit Calypso und nicht mit Marschmusik, mit dem Wetter der äquatorialen Tropen, der karibischen Leichtigkeit und Lebensfreude. Und die leben in allen Bevölkerungsgruppen.

41 Curaçao

Viel mehr als ein bunter Likör

Curaçao ist mit einer Länge von etwa 60 Kilometern und einer Breite von 40 Kilometern die größte der niederländischen Antilleninseln. Das »C« der drei Inselschwestern unter dem Winde gilt als die Stolze, Aruba als die Fröhliche und Bonaire als die Stille. Bekannter als Curaçao selbst ist in unseren Breitengraden der nach ihm benannte verschiedenfarbige Likör. Mindestens genauso bunt sind seine Hauptstadt Willemstad im Südwesten der Insel und die Unterwasserwelt der vorgelagerten Riffe.

Als wäre eine niederländische Provinzstadt auf dem Reißbrett nachkonstruiert und bunt angestrichen worden: Blick auf die Breedestraat in Willenstad (oben links). Das Leben an der Uferpromenade Handelskade: leicht und unbekümmert (oben rechts).

Aruba, Bonaire und Curaçao sind eigentlich über das Wasser schauende Spitzen von Ausläufern der Kordilleren Südamerikas, auf denen sich über viele tausend Jahre Sedimente abgelagert haben. Curaçao wurde 1499 vom Spanier Alonso de Ojeda entdeckt. Da weder Gold noch Edelsteine zu finden waren, begnügten sich die Spanier mit der Versklavung der ansässigen friedfertigen Arawaks. Nachdem die Niederländer die Herrschaft übernommen hatten, wurde Peter Stuyvesant 1643 zum ersten Gouverneur der Niederländischen Antillen ernannt.

Handel mit Gewürzen und Sklaven

In dieser Zeit florierte der Handel mit Gewürzen, Zucker und Salz, die auf Plantagen und Salzfeldern gewonnen wurden. Er machte die niederländische Handelsgesellschaft West-Indische Companie zu einem Global Player ihrer Zeit. Das richtig große Geschäft aber brachten die aus Afrika verschleppten Menschen und deren Verkauf als Sklaven. Curaçao entwickelte sich bald zum größten Sklavenmarkt der Karibik. Nach der Abschaffung der Leibeigenschaft florierte die Wirtschaft erst wieder mit der Entdeckung und Erschließung großer Ölfelder vor Venezuela zu Beginn des 20. Jahrhunderts. Wie auf Aruba profitierte auch Curaçao von der Ansiedlung von Raffinerien.

Seine Strände, Buchten und vor allem die Tauchgründe sind heute die wichtigsten Anlässe, Curaçao zu besuchen, und seine Schön-

heit kann sich mit jeder anderen Insel messen. So auch mit Bonaire und seinen wundervollen Korallengärten und großem Fischreichtum. Auf die Frage »Spieglein, Spieglein an der Wand, welches ist das schönste Taucherparadies der Welt?«, präsentieren die Insulaner stolz ihren Curaçao Underwater Park südlich der Hauptstadt, in dem dank eines Unterwasser-Observatoriums auch Nichtschwimmer die maritime Welt kennenlernen.

Der Inselnorden bietet durch den mit Wanderwegen gut erschlossenen Christoffel National Park beim Mount Christoffel, dem mit 375 Metern höchsten Berg der Insel, einen Ausblick in die tropische Tier- und Pflanzenwelt. Gleich nebenan unterbreiten an der Westküste malerische Strände wie der Grote und der Kleine Knip unwiderstehliche Angebote, sich der gepflegten Entspannung hinzugeben.

Willemstad, märchenhaftes Klein Amsterdam

Zum Glück müssen Rankingdebatten um die Schönste der Schönen unter den Bade- und Tauchrevieren nicht ernsthaft in eine Hitliste gefasst werden. In einem Punkt aber werden sich beide Inseln rasch einigen können: Auch wenn Kralendijk auf Bonaire nicht weniger faszinierend einem angemalten holländischen Provinzstädtchen gleicht, Willemstad ist das unübertroffene städtische Glanzlicht der Niederländischen Antillen und für viele auch das originellste der ganzen Karibik. Mit seinen nach Vorbildern der europäischen Kolonialmacht angelegten Grachten und Renaissancegiebeln ist das Klein Amsterdam an der Santa Anna Bay ein wichtiger Besuchermagnet geworden. Die Uferpromenade Handelskade ist eine der stilvollsten Flaniermeilen der Karibik.

Dahinter eröffnet sich dem Besucher ein Duty-free-Reich erster Güte. Unter sämtlichen Luxusartikeln dieser Welt nimmt der berühmte, aus Bitterorangen gewonnene Likör nur noch einen winzigen Stellenwert ein. Das gilt auch für den bunten schwimmenden Markt bei der Sha Carpileskade, wo von Booten aus Fisch und andere Lebensmittel feilgeboten werden.

SIMÓN BOLÍVAR AUF CURAÇAO

Das kleine Octagon Museum beim luxuriösen Avila Hotel erinnert an Simón Bolívar, den »großen Befreier Südamerikas« von der spanischen Kolonialherrschaft. Nachdem Venezuela 1812 seine Unabhängigkeit einseitig erklärt hatte, schlug Spanien militärisch zurück. Der Revolutionär musste überstürzt aus Caracas fliehen. Mit seinen beiden Schwestern setzte er auf die nahe gelegene holländische Insel Curaçao über, wo ihnen ein jüdischer Kaufmann eine Unterkunft verschaffte. Die Schwestern lebten in dem senfgelben, achteckigen und von farbenprächtiger Bougainvillea eingerahmten Gebäude, aus dem man bis zum Hafen von Willemstad hinunterschauen kann. In seiner eigenen Unterkunft, die nicht mehr erhalten ist, arbeitete Bolívar an seinem Manifest für einen Unabhängigkeitskrieg, das bald darauf im kolumbianischen Cartagena veröffentlicht wurde. Er wurde »George Washington Südamerikas« getauft.

Farbenprächtige holländische Häuser in Willemstad (linke Seite). Blick auf die Playa Abu an der Westküste von Curaçao (links).

42 Aruba

Entspannte Urlaubsmetropole auf der kleinsten ABC-Insel

Aruba ist die kleinste, westlichste und jüngste der drei »Niederländerinnen«. Und wie das in Familien gelegentlich der Fall ist, die aufmüpfigste. Jedenfalls ist es der 30 Kilometer langen und neun Kilometer breiten Schwester von Bonaire und Curaçao als einziger gelungen, von der königlichen Kolonialmacht als selbstständiges Mitglied mit eigenem Parlament, eigener Währung und Entscheidungshoheit über innere Angelegenheiten anerkannt zu werden.

Eine der vielen aus dem Gestein herausgeschwemmten Naturbrücken (unten links). In der Heimat demontiert, in der neuen Heimat wieder aufgebaut: holländische Windmühle (unten rechts). Einer der vielen Strände, die keine Wünsche offen lassen (rechte Seite).

Hauptattraktionen für den Fremdenverkehr sind die kilometerlangen breiten Sandstrände zwischen Malmok im Nordwesten, wo der malerische Palm Beach mit seinen Hotels und seiner importierten Holländermühle sich besonderer Beliebtheit erfreut, bis kurz vor Sint Nicolaas im Südwesten. Auf dem Weg zu den überaus sehenswerten Wanderdünen von Boca Prins gelangt der Besucher durch eine wundervolle Landschaft voller Höhlen und Grotten, von denen die Seroe Preto mitunter als Marienwallfahrtsstätte bekannt wurde.

Der heutige Reichtum kam nicht plötzlich über Aruba. Die gut 100 000 Nachfahren der zugereisten oder hierher verschleppten Europäer, Indianer, Afrikaner und Inder hatten über Jahrhunderte hinweg Zeit, sich mit dem Phänomen zu arrangieren, auf der Sonnenseite der Karibik zu leben. Sie nutzten sie außerdem, um dem babylonischen Sprachengewirr noch eine neue Mixtur hinzuzufügen, das Papiamento, in dem die Sprachen der europäischen Eroberer mit denen aus Afrika verschmolzen.

Am Golde hängt, zum Golde drängt doch alles

Zucker und Salz hatten zu Hochzeiten des internationalen Handels auch andere zu bieten, erst recht Sklaven als menschliche Handelsware, die den Reichtum ihrer Besitzer im Schweiße ihres Angesichts zu erwirtschaften hatten. Aber dann kamen auf Aruba noch überraschende wertvolle Funde hinzu, für die die nach Westindien gesegelten Spanier jahr-

BUCUTI & TARA BEACH RESORT

L.G. Smith Boulevard 55B, Eagle Beach,
Tel. +1/297 583 11 00, www.bucuti.com.
104 Wohneinheiten, DZ ab $ 300.
Das knapp sechs Hektar große, mit Palmen bestandene Hotelgelände liegt direkt
an einem der schönsten Inselstrände. Der
zurückhaltende Luxus, die klaren Linien
ohne Plüsch und üppiges Dekor sprechen
vor allem Paare an, die sich hier diskret
umsorgt fühlen. Die meisten der großzü-
gigen Zimmer öffnen sich zum Meer,
Penthäuser und Junior-Suiten sind zusätzlich mit einer Küchenecke ausgestattet.
Viele Maßnahmen, vom Recycling bis zum
effektiven Wassermanagement machen
das Bucuti zu einem der »grünsten« Hotels der ABC-Inseln. Besonders beliebt: ein
abendliches Dinner im Fackelschein am
Strand und die Open-Air-Fitnessanlage
mit Blick bis zum Horizont.

Quadirikiri Cave im Arikok Nationalpark
(rechts).

hundertelang ganze Kontinente entvölkert hatten: Gold! Und später außer dem gelben noch
das schwarze Gold. Die vormals größten Raffinerien der Welt, die auf Aruba entstanden,
werden heute nur noch im moderaten Um-
fang betrieben, weshalb die Inselregierung
verstärkt neue Industrieunternehmen ins Land
holte, besonders aber auf die Trumpfkarte Tourismus setzte.
Heute besteht die Quelle für Gold und Geld
aus hauptsächlich niederländischen und nordamerikanischen Touristen. Und die Vorausset-
zungen für eine weitere brillante Zukunft stehen bestens. Das überwiegend trockene Klima
lässt keine Regenwälder zu, die Landschaft ist
eher geprägt von Agaven, Aloe, Kakteen und
Dividivi-Bäumen, die so etwas wie die charak-
teristische Pflanze der Insel darstellen. Die bis
dato hurrikanfreie Zone mit einer zerklüfteten,
malerischen Küstenlinie samt tiefer Höhlen,
vielfältiger Naturbrücken, zahlloser Naturhäfen
und breitester weißer Strände bietet alles für
einen exzeptionellen und abenteuerreichen Fe-
rienaufenthalt.

Holländische Folklore in Oranjestad

Manche Häuserzeilen der 30 000 Einwohner
zählenden Hauptstadt Oranjestad wirken so,
als seien sie in Alkmaar oder Groningen abgebaut und hier nach dem Wiederaufbau mit
spanischen Accessoires dekoriert und in schrei-
enden Pastellfarben angestrichen worden. Besonders überbordend geschah dies in der Wil-
helminastraat und an der Arnold Schutte
Straat. Da die Giebelhäuser hier nur nachge-
baut sind, wirken sie ein wenig wie Kulissen zu
einem Hollywoodstreifen. Hauptgeschäfts-
straße mit vielen Duty-free-Shops ist die hinter
dem Wilhelmina Park gelegene Caya G.F. (Be-
tico) Croes.
Am Lloyd G. Smith Boulevard liegt neben einer großen Seaport Village Mall der »Schooner
Markt«, ein aus verschiedensten Booten beste-
hender schwimmender Markt, der zumeist von
Fischern und Bauern vom venezolanischen
Festland bestritten wird, das nur etwa 20 Kilometer entfernt ist. Als Wahrzeichen der Stadt
gilt der in die östlich gelegenen Wallanlagen
des Fort Zoutman integrierte alte Leuchtturm.

43 Bonaire

Tauchen in einer Unterwasserwunderwelt

Was für Surfer Hawaii, Raucher Kuba, Bergsteiger der Himalaya, Gourmets Lyon, Fußballfans Camp Nou ist, das ist für Taucher Bonaire. Auch wenn der Name in erster Linie gute Luft verheißt, liegt die große Anziehungskraft der Insel in dem, was unter der Wasseroberfläche zu finden ist. Und darum versucht auch jeder Fan von Unterwasserabenteuern wenigstens einmal hier herunterzugehen – natürlich mit Pressluftflaschen.

Die Tauchreviere auf Bonaire gelten als die vielfältigsten und spannendsten der Welt. Mit einem geschützten Marine-Park, leicht zugänglichen Schiffswracks, Unterwasserhöhlen und eine bunten Vielfalt von mehreren hundert Fischarten.

Bonaire ist die östlichste unter den Niederländischen Antillen, nur einen Katzensprung entfernt vom über 5000 Meter tiefen Meeresgraben Los Roques Trench im Norden und dem Bonaire Trench im Süden. Mit 30 Kilometern Länge und zehn Kilometern Breite die zweitgrößte der Schwestern, ist das Klima – ähnlich wie bei ihrer Verwandtschaft – äußerst trocken und darum gemessen an den schwelgerischen Regenwäldern der vulkanischen Inseln von sparsamem, niedrigem Bewuchs. Entdeckt wurde der wie ein Bumerang im Meer liegende Korallenbogen mit den lange vorher vom nahen Festland hierher übergesetzten Arawak-Indianern 1499 von Amerigo Vespucci.

Nach einer wechselvollen Geschichte als Umschlagplatz für Salz und Sklaven kam Bonaire während der dramatischen Auseinandersetzungen zwischen dem napoleonischen Frankreich und dem Rest Europas 1815 wieder unter niederländische Fittiche. Jedoch stoppte das Ende der Sklaverei 1863 auch hier die prosperierende Entwicklung. Erst mit der Entdeckung des kleinen Eilands durch den Tourismus kam die Wirtschaft für die etwa 19 000 zumeist aus Schwarzafrika stammenden Einwohner wieder in stabileres Fahrwasser. Etwas mehr als 3000 der Einwohner lebt im Hauptort Kralendijk, Korallendeich. Hier finden sich besonders an der pittoresken Uferpromenade die gleichen bonbonfarbenen niederlän-

Ein undurchdringlicher Wald von Riesenkakteen rund um den Subi Brandaris, rank, schlank und stachelig, beherrscht große Teile des Inselnordens.

dischen Giebelhäuser wie in Willemstadt nur im niedlichen Westentaschenformat. Entlang der Kaya Jan N.E. Craane flaniert man, um durch eine der auf den Hafen zulaufenden Stichstraßen zur Kaya Grandi oder der Breedestraat zu gelangen, dem Geschäftszentrum der Insel. Selbstversorgern sei noch ein morgendlicher Blick auf den Fish Market beim North Pier empfohlen, wo die ortsansässigen Fischer ihren Fang frisch darbieten.

Die 90 Tauchreviere lassen selbst Kenner andächtig werden

Aber die meisten der jährlich fast 100 000 Feriengäste kommen ja nicht, um die Fische als erbeuteten Fang zu begutachten, sondern sie noch lebend in den Korallenbänken zu beobachten. Der Bonaire Underwater Marine Park bietet rund um die Insel zwischen Korallenriffen und der vorgelagerten Insel Klein Bonaire 90 Tauchgründe. Unter Pressluftflaschenfans sind sie von einer ähnlichen Aura umgeben wie spezieller brasilianischer Kaffee oder kubanische Zigarren, die nicht in den Handel gelangen: Da gibt es vielsagende Reviernamen wie »Alice im Wunderland«, wo ein altes Frachtschiff versenkt wurde, »1000 Steps«, »Pink Beach« oder »No Name« bei Klein Bonaire.

Wer hier zwischen Röhrenkorallen und Riffhaien noch nicht abgetaucht ist, dem fehlt eine wichtige Erfahrung von den Freuden der Unterwasserabenteuer.

Hier leben ebenso viele Flamingos wie Menschen

Kann man brillante Schönheit nur unter Wasser finden? Nicht ganz. Denn so wie Little Tobago wegen seiner großen Vogelvielfalt als Paradies für Ornithologen gilt, ist Bonaire berühmt für seine Flamingos, wegen denen sie auch den Beinamen Flamingo Island erhielt. Mehr als 10 000 dieser eleganten Stelzvögel und Krummschnäbler leben im Schutzgebiet am Goto-Meer im Nordwesten sowie beim Dünengelände am Pekel-Meer im Süden. Außerdem lohnt es sich, den durch zwei Wege gut erschlossenen Washington-Slagbaai National Park, ein paar Kilometer nördlich des idyllischen Örtchens Rincón, der ältesten Siedlung auf Bonaire, zu besuchen. Rund um den 235 Meter hohen Subi Brandaris wachsen ganze Wälder mit seltenen Riesenkakteen und Divi-divi-Bäumen, in denen alle möglichen Arten von Papageien, Pelikanen und Kolibris neben rund 200 anderen Vogelarten beobachtet werden können.

Blick auf einen Ofenrohrschwamm (linke Seite). Tauchlocation »1000 Steps« (links). Ein farbenprächtiger Meerengel (oben).

Karibische
Küste

Typisch für die Karibische Küste sind die paradiesischen Strände (links), schmucke Orte in Kolonialarchitektur (oben) und die Artenvielfalt in Fauna und Flora (unten).

Von Atlantik- zu Pazifikküste – PKW-Rundfahrt durch Costa Rica

Costa Rica entdecken

Route: San José – Vulkan Poás – Vulkan Irazú – Turrialba – NP Cahuita – Puerto Viejo – Sarapiquí – La Fortuna – Vulkan Arenal – NP Rincón de la Vieja – Tamarindo – San José

Im Vergleich zu anderen Regionen geht es der Natur in Costa Rica relativ gut. Kein Wunder, stehen doch mittlerweile ein Viertel bis ein Drittel der Landesfläche unter Naturschutz. Parallel dazu ist das Umweltbewusstsein unter den »Ticos« gewachsen. Fühlt sich doch eine wachsende Zahl von Besuchern Costa Ricas vor allem von der unberührt scheinenden Natur angezogen. Eine PKW-Rundfahrt führt zu den Naturschönheiten.

Start in **San José** mit der Erkundung des historischen Stadtviertels Amón und dem Besuch des turbulenten Mercado Central mit seinen 200 Verkaufsständen und Geschäften, die von Obst über Blumen und Kleider so ziemlich alles anbieten.

Abstecher zum **Vulkan Poás** nördlich der Hauptstadt. Er ist rund 2700 Meter hoch, gut erschlossen und z. T. sogar für Rollstuhlfahrer ausgebaut. Oft versteckt sich seine obere

Hälfte in den Wolken. Von den beiden Kraterseen hat der nördliche und aktive Krater einen Durchmesser von gut 1500 Metern. Er ist rund 300 Meter tief, mit intensiv türkisblau-grün schimmerndem Wasser.

Zurück auf die Rundfahrtstrecke. Der **Irazú** misst eindrucksvolle 3430 Meter. Klar, dass der mächtige Brocken bei klarer Sicht schon aus großer Entfernung auszumachen ist. Besteht aktuell keine Gefahr, dürfen sich Besucher mit ihren Autos dem Kraterrand sehr dicht nähern. Der 2900 Meter hohe **Vulkan Turrialba** im gleichnamigen Nationalpark etwas weiter östlich ist mit seinem Kraterbereich nicht immer zugänglich. Gelegentlich ist es besser, seine dunklen Rauchschwaden aus der Distanz zu bewundern.

Der **Nationalpark Cahuita** mit seinen Stränden aus schwarzem Lavasand liegt schon an der südlichen Karibikküste. Das spektakuläre Korallenriff vor der Küste zieht Taucher und Schnorchler an.

Nun nach Norden. Über den wichtigen Hafen Puerto Limón ist nach fast 190 Kilometern **Sarapiquí** erreicht. Auf Plantagen werden Ananas, Bananen, Kakao und Kaffee angebaut. Bei Besuchern der Region sind Wanderungen durch den Regenwald sowie Boots- und Gummifloßfahrten auf dem Sarapiquí-Fluss beliebt. Weiter vorbei an fruchtbaren Felder nach La Fortuna, Ausgangspunkt zur Erkundung des **Vulkans Arenal**. Auf den Vulkanfeldern selbst kann man wandern, mit toller Sicht auf den

rund 1600 Meter hohen Vulkankegel und den Arenal-See zu seinen Füßen. In der Luft Langschwanzhäher, Montezuma-Stirnvögel und Tukane. Bekannt sind die Hängebrücken von Arenal, die aus bis zu 50 Meter Höhe Panorama-Einblicke in den grünen Dschungel bieten. Die Straße entlang des Arenal-Sees führt über Cañas nach **Liberia**. Hier kann man ein wenig im historischen Zentrum mit seinen alten Gebäuden herumschlendern, wie der Kirche Ermita de La Agonía oder dem Kulturmuseum Guanacaste, das in einer ehemaligen Kaserne untergebracht ist.

Die Landschaft noch mehr als die Tiere sind der Höhepunkt des **Nationalparks Rincón de la Vieja** nördlich von Liberia. Blubbernde Schlammtöpfe, heiße Quellen und Minikrater zeigen, dass die Region noch nicht zur Ruhe gekommen ist. Dennoch, bei einer Wanderung entlang der verschiedenen Pfade durch den Dschungel kann man mit etwas Glück Ameisenbären oder Gürteltieren begegnen. Auch Nasenbären, mit einem Riechorgan, das wie ein Minirüssel etwas verlängert und recht beweglich ist, leben in den Bäumen.

Tamarindo liegt knapp 100 Kilometer südwestlich bereits am Pazifik. Ein idealer Ort, um am Strand nach der Rundreise die Eindrücke etwas zu sortieren. Wer noch nicht wellenreiten kann, hat die Möglichkeit, es hier zu lernen. **San José**, Ausgangspunkt der Rundreise, liegt gut vier Autostunden weiter im Osten.

Sonnenuntergang vor dem Vulkan Arenal Der Nationalpark Cahuita gilt für viele als der schönste Nationalpark des Landes (unten).

UNTERWEGS IN KOLUMBIEN

In den Städten sind Taxis keine schlechte Wahl. Die Preise sind günstig und eigentlich fix, doch in der Praxis haben nicht alle Taxen einen Taxameter. Dann sollten Sie den Preis vor der Fahrt festlegen. Einfach lassen sich Taxis per App (www.tappsi.co, www.easytaxi.com/br, www.uber.com) rufen, doch steigen Sie aus Sicherheitsgründen lieber nicht in ein Taxi, in dem bereits jemand sitzt. In kleineren Städten sind die dreirädrigen, bunt bemalten »Tuk-Tuk«-Taxis zunehmend populär.

Vom Gipfel des Cerro Chirripó, Costa Ricas höchstem Punkt, kann man auf den in der Ferne liegenden Vulkan Turrialba blicken.

Historische Architektur am Grand Boulevard von San Jose (oben links). Schönheit im neo-klassischen Baustil, das Nationaltheater Costa Ricas (oben rechts). Stadtzentrum von San Jose auf Costa Rica (rechte Seite unten). Wasserschildkröten sind gern gesehene Gäste im Tortuguero Nationalpark. Nach ihnen wurde auch der Park genannt, denn Tortuguero heißt so viel wie »der Ort an den die Schildkröten kommen« (rechte Seite oben).

44 Tortuguero-Nationalpark und San José, Costa Rica

Natur und Demokratie - das lateinamerikanische Musterland

Als »Schweiz Zentralamerikas« wird Costa Rica oft bezeichnet, nicht wegen seiner vulkanischen Bergketten, sondern Dank der für die Region stabilen politischen und sozialen Verhältnisse. Das im Osten durch die Karibische See und im Westen durch den Pazifik flankierte Land lohnt auch wegen seiner Naturschönheiten mit allein 160 biologischen Reservaten und Nationalparks einen Besuch.

Mehr als zwei Millionen Besucher reisen pro Jahr nach Costa Rica, das im Norden von Nicaragua und im Süden von Panama begrenzt wird. Es gibt sowohl luxuriöse Resorthotels als auch Golfanlagen. Trotzdem können sich Urlauber noch immer an vielen einsamen Ozeanstränden in Traumwelten verlieren, in kleinen Öko-Lodges übernachten, ungestört die reiche Vogelwelt in den tropischen Regenwäldern beobachten oder diese auf Flüssen und Kanälen mit dem Kajak oder zu Fuß auf Wanderwegen durchqueren. Christoph Kolumbus landete 1502 als erster Europäer am Atlantikstrand von Costa Rica, doch deren Name, »Reiche Küste«, sollte lange Zeit Illusion bleiben. Gold und Edelsteine fanden die Spanier in anderen Regionen ihres schnell wachsenden Kolonialreiches, Costa Rica blieb bis zu seiner Unabhängigkeit in seinem Schatten.

San José und die Unabhängigkeit

Bald nach der Unabhängigkeit von Spanien 1821 löste das bis dahin unbedeutende Dörfchen San José die spanische Verwaltungsmetropole Cartago als Hauptstadt ab. Vor allem in der Hochzeit der Kaffeeplantagenwirtschaft Ende des 19. Jahrhunderts boomte San José auch wirtschaftlich. Heute zählt die Kapitale in der Hochebene des Valle Central knapp 400 000 Einwohner. Die können sich, ebenso wie die Stadtbesucher, an den ganzjährigen frühlingshaften Temperaturen in 1125 Meter Höhe erfreuen. Eingerahmt wird die Hauptstadt durch die von Regenwäldern bedeckten Berge der Cordillera de Talamanca im Süden

NICARAGUA

COSTA RICA

Tortuguero National Park

44

San Jose ●   ● Puerto Limón

und den vulkanischen Gipfeln von Barva, Irazú und Poás weiter im Norden. Auch wer nur kurz in der Stadt ist, sollte einen Blick in das Museo del Oro Precolombino werfen, mit seiner reichen Ausstellung von Goldschmuck aus präkolumbianischer Zeit. Das Museo de Jade zeigt eine der umfangreichsten Sammlungen von Schmuck und Kultgegenständen aus dem magischen Schmuckstein, der in Asien und den mittelamerikanischen Kulturen eine bedeutende Rolle spielte. Doch immer sollte noch genug Zeit bleiben, um in einem der vielen Cafés einen frisch aufgebrühten würzigen Hochlandkaffee zu genießen, für den das Land seit über 150 Jahren bekannt ist.

Natur pur – Tortuguero-Nationalpark

Touren örtlicher Veranstalter führen von San José mit dem Auto, dem Boot oder auch dem Flugzeug zum Tortuguero National Park in den Nordosten des Landes, nicht weit von der Grenze zu Nicaragua. Im National Park selbst gibt es keine Straßen, auch nicht im kleinen Dörfchen Tortuguero, dessen 700 Bewohner sich zu Fuß oder per Boot fortbewegen. Flüsse, Meeresarme und Kanäle, die einst zum Holz-

transport ausgebaggert wurden, bilden ein verwirrendes Netz von Wasserwegen in der amphibischen Landschaft, die von dichtem tropischem Regenwald bedeckt wird.

Der Name des Nationalparks leitet sich vom spanischen Wort für Schildkröte – Tortuga – ab. Und tatsächlich gelten die Strände des Nationalparks als eine der besten Regionen überhaupt, um im Spätsommer die Eiablage der Grünen Meeresschildkröte beobachten zu können, die hier an Land schwimmen und bis zu 100 Eier im Sand verbuddeln.

Die Vokabel Regenwald darf man ruhig wörtlich nehmen. Zwar regnet es in einigen Monaten weniger als in anderen, doch eine echte Trockenzeit gibt es nicht. Örtliche Hotels haben sich bei einer Niederschlagsmenge von mehr als fünf Metern im Jahr darauf eingestellt und halten für ihre Gäste auf Bootstouren durch den Dschungel Regenponchos und Gummistiefel bereit. Dank der üppigen Vegetation mit Dutzenden verschiedener Baum- und Pflanzenarten sowie der minimalen Einwirkung durch Menschen ist der Tortuguero National Park ein idealer Ort, um viele der mehr als 150 hier vorkommenden Vogelarten zu beobachten.

PUERTO VIEJO

Einst ein verschlafenes Fischerdorf, hat sich der »Alte Hafen« ganz im Süden der Karibikküste von Costa Rica zu einem alternativ-entspannten Urlaubsort entwickelt. Die Grenze zu Panama ist nur noch wenige Kilometer entfernt. Sicher haben die palmengesäumten Strände von Playa Chiquita, Playa Negra und Punta Uva dazu beigetragen und natürlich die beeindruckende Dünung mit den »Salsa Brava«-Wellen, eine Herausforderung für jeden Surfer. Auch die vielen eingewanderten Eisenbahn- und Plantagenarbeiter aus Jamaika haben an der besonderen Atmosphäre von Puerto Viejo ihren Anteil. Nicht wenige sprechen Patois, den jamaikanischen Inseldialekt, doch den Rhythmus der Reggae-Musik, der aus den kleinen, bunt angemalten Strandbars und Diskotheken nach außen dringt, verstehen schließlich alle.

Auch Puerto Viejo erhält seinen fairen Anteil an den üppigen tropischen Niederschlägen, ohne den der Regenwald nicht gedeihen könnte. Wobei der Pegel in den Monaten Februar/März und September/Oktober immerhin unter der 20 Zentimeter-Marke bleibt.

WEITERE INFORMATIONEN

www.visitcostarica.com

Wandern im tropischen Regenwald

Grün – der überwältigende erste Eindruck des dichten Dschungels verdichtet sich zu einer Farbe, die sich in vielen Varianten von »fifty shades of green« auffächert. Dann wird die Wahrnehmung genauer. Unter dem Blätterdach der hoch aufragenden Stämme von Blue Mahoe, Mahagoni, Kiefer oder Gummibaum streben Schlingpflanzen, Palmen und Baumfarne dem Licht entgegen.

Der Rotaugenlaubfrosch, einer von vielen Froscharten im Dschungel von Costa Rica (oben). Hängebrücke in den Nationalpark (unten). Der Wasserfall La Fortuna stürzt 75 Meter in die Tiefe (rechts oben). Den Quetzal kann man am besten zwischen Februar und Juli beobachten (rechts unten).

Dort, wo Sonnenstrahlen in die Tiefe vordringen, entfalten sich Hibiskus, wilde Orchideen und Helikonien aus der Familie der Bananenpflanzen mit orangeroten, behaarten Blütenständen. Auf dem Boden gedeihen Grase, Moose und niedrige Farne.

»Gute, feste Schuhe sind wichtig«, ermahnt der Wander-Guide, »es kann rutschig werden«. Niederschläge bringen die notwendige Feuchtigkeit. Die Temperaturen sind gleichbleibend hoch und fallen selten unter 20 °C. Ein Klima, das in kälteren Regionen nur künstlich in Treibhäusern existiert, ermöglicht den Pflanzen optimale Wachstumsbedingungen. Hier gedeihen mehr als 100 verschiedene Arten von Farnen, darunter Baumfarne, die mehr als zehn Meter hoch werden. Es gibt Bambusarten, die jeden Tag einen Zentimeter wachsen, Gummibäume mit Stämmen von einem halben Meter Durchmesser. Die Stämme der Mahagonibäume weisen keine Jahresringe auf. Es gibt im tropischen Tieflandregenwald keine Jahreszeiten, die sich von den Temperaturen her deutlich voneinander unterscheiden. Durch den Rausch der verschiedenen Grüntöne führt uns der Guide zu einem versteckten Wasserfall – eine herrliche Erfrischung. Eine lange Reihe von Pilzen ernährt sich von dem vermodernden Stamm eines umgestürzten Baumes und erweckt den Eindruck einer munteren Marschkolonne.

In den dichten Wäldern leben nicht nur mehrere hundert Pflanzenarten, erläutert unser Guide, sondern auch einige Schlangenarten, darunter die bis zu 2,5 Meter lange Boa constrictor oder der giftige Buschmeister, riesige Schmetterlinge, Frösche, Spinnen und viele weitere Insekten. Insgesamt, so schätzen Insektenforscher, leben in Costa Rica mehr als 300 000 Insektenarten – geradezu unglaublich. Unter den zahlreichen Reptilien gehört der Helmbasilisk sicher zu den auffälligsten. Dank Schuppensäumen an den Zehenrändern, die Luftblasen einfangen, kann er mit den Hinterbeinen kurze Strecken auf der Wasseroberfläche zurücklegen. Diese verblüffende Eigenschaft hat ihm zum Spitznamen »Jesus Christus-Echse« verholfen. In der Luft lassen sich Papageien und Dohlengrackeln ausmachen, deren durchdringender Ton unsere Wandergruppe begleitet. Der bei Indianern als heilig geltende, grün und scharlachrot gefärbte Quetzal ist eher in den höher gelegenen Nebelwäldern zu sehen. Kolibris, die mit kaum wahrnehmbarem Flügelschlag von Blüte zu Blüte tanzen, müssen, so erklärt unser Guide, wegen ihres hektischen Lebenswandels täglich das Zweieinhalbfache ihres Körpergewichts an Nahrung aufnehmen. Auch den auffälligen Rotaugenlaubfrosch bekommen wir nicht zu sehen. Der nachtaktive Frosch »klebt« tagsüber schlafend hoch an den Bäumen und ist dank seiner knallgrünen Färbung kaum auszumachen. Auch Raubkatzen, wie der selten gewordene Jaguar, meiden menschliche Nähe. Unberührter Regenwald ist in Costa Rica mit seinen großen Nationalparks noch über weite Strecken zu finden. Auch dort, wo einst scharfe Äxte tropische Hölzer fällten, hat die Natur meist längst sämtliche Spuren überwuchert.

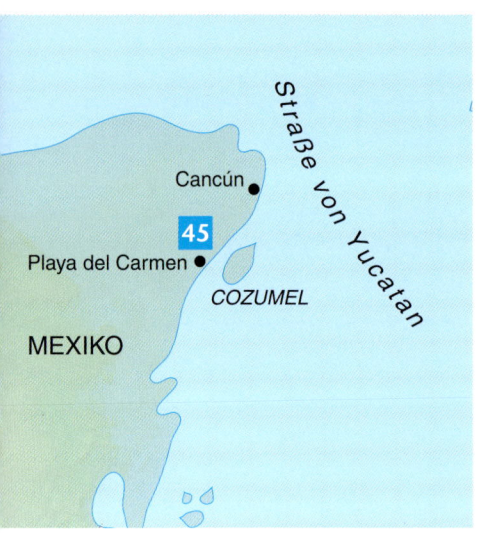

45 Cancun – Playa del Carmen

Urlaubsmetropole am Golf von Mexiko

Cancun liegt am nordöstlichen Zipfel der Halbinsel Yucatán, etwa 200 Kilometer vom westlichsten Teil Kubas entfernt, und gehört zum mexikanischen Bundesstaat Quintana Roo. Die Anziehungskraft, die seit den letzten Jahren von diesem Ferienzentrum ausgeht, gründet zunächst einmal auf seiner malerischen Lagune Nichupté: außen zum Karibischen Meer hin weiße Strände, innen Wassersportgebiet der Extraklasse. Prachtvolle Hotelanlagen verheißen einen entspannten Familienurlaub mit allen Angeboten, die Badespaß und Wassersport ausmachen.

Neben noblen Bars und Restaurants bietet Cancun zwei Golfplätze, von denen der Playa Mujeres Golf Club über einen 18-Loch-Platz (Par 72) verfügt, der vom Großmeister Greg Norman gestaltet wurde. Im Hinterland können Urlaubsgäste große Pyramidenanlagen, Kultstätten und Ruinen der Maya besichtigen, etwa Chichén Itzá, Uxmal oder Tulum, oder bei einer Bootstour durch den Celestún-Nationalpark rote Flamingos beobachten.

Das südlich von Cancun gelegene, im Schachbrettmuster aufgebaute Playa del Carmen ist mit seiner Parade von Hotelbauten, seinen sehr weitläufigen, auch nach Hurrikans wieder aufgeschütteten Stränden und seinem pulsierenden Nachtleben einer der angesagtesten Urlaubsorte an der mexikanischen Karibikküste. Eine Fähre setzt von hier zur beliebten weißsandigen Ferieninsel Cozumel über. Faszinierende Maya-Kultstätten: Eine Rundreise im Hinterland der Riviera Maya führt zu den monumentalen Pyramiden der Maya, errichtet vor mehr als 2500 Jahren. Die Stufenpyramide des Gottes der gefiederten Schlange, den Tempel der Krieger, den Palast des Jaguars kann man in Chichén Itzá bewundern, das ebenso UNESCO-Weltkulturerbe ist wie Uxmal mit der Pyramide des Wahrsagers. In dieser wasserarmen Region drehte sich alles um den Regengott Chac, dessen Maske fast alle Bauten schmückt. Tulum liegt knapp 130 Kilometer südlich von Cancun auf einer Kalksteinklippe.

Morgenmeditation (unten links), von Meeresschildkröte (unten rechts) neugierig verfolgt. Vor allem Tulum, der einzige Maya-Tempel am Meer (rechte Seite), bietet Abwechslung zum Strandurlaub.

Boot vor der Isla Colon (oben links). Einheimische in Bocas del Toros: immer gut drauf (oben rechts). Die Skyline von Panama City in der Abenddämmerung (rechte Seite unten). Die Schleuse am Gatun Locks (rechte Seite oben).

46 Panama City – Bocas del Toro

Städte, Berge, Buchten – Panama ist nicht nur Kanalzone

Der Panamakanal zwischen der Karibischen See und dem Pazifik durchbricht die schmalste Stelle der zentralamerikanischen Landbrücke und gehört zu den wichtigsten Wasserstraßen der Welt. Doch Panama, nicht viel größer als Bayern, lässt sich mit seiner modernen Hauptstadt, den über 3000 Meter hohen Kordilleren, dem Regenwald, großen Binnenseen und vielbuchtigen Küsten nicht auf den Kanal und dessen Uferstreifen reduzieren.

Wolkenkratzertürme dominieren die moderne Skyline von Panama City. Die Stadt gilt als ein bedeutendes Bankenzentrum, in dem mehr als 100 Niederlassungen internationaler Finanzinstitute ihre Transaktionen abwickeln. Knapp ein Viertel der rund vier Millionen Einwohner von Panama wohnt in der gleichnamigen Hauptstadt. Schon im Jahre 1519 gründete der spanische Kolonialgouverneur eine Siedlung und ließ einen Hafen bauen, in dem das geraubte Gold der Inkas auf dem Weg nach Madrid umgeschlagen wurde. Knapp 400 Jahre später nahm die Stadt als Kapitale des neugegründeten Staates Panama, der im Westen an Costa Rica und im Osten an Kolumbien grenzt, einen Aufschwung. Im Casco Viejo, der Altstadt, ist, geschützt als Weltkulturerbe der UNESCO,

ein Mix verschiedener Architekturstile erhalten der von spanischem Kolonialbarock bis zu Stadtvillen und Repräsentationsbauten des ausgehenden 19. Jahrhunderts reicht. An der Plaza de Francia erinnert ein durch den gallischen Hahn gekrönter Obelisk an den 1889 gescheiterten ersten Versuch Frankreichs, einen Kanal durch Panama zu erbauen. Entlang des Paseo Esteban Huertas können Spaziergänger unter einem Blütenbaldachin von Bougainvilleen auf den früheren Befestigungswällen wandeln und von hier die moderne Skyline und die in der Bucht auf eine Kanaleinfahrt wartenden Schiffe betrachten.

Ein Karneval wie in Rio

Wenn es einen besonderen Grund gibt, Panama-Stadt zu besuchen, ist es der Karneval im

Frühling. Wie in der Stadt Las Tablas, 200 Kilometer westlich der Hauptstadt, sind die vier Tage vor Aschermittwoch ein einziges Fest, mit Bällen, Straßenfesten, Umzügen und Partys in Bars und Privatwohnungen, die oft bis in den Morgen andauern. Höhepunkt ist der »Faschingsdienstag« mit einer farbenprächtigen Riesenparade und nächtlichen ausgelassenen Feier.

Zwischen 10 und 12 Stunden mit dem Bus oder rund 50 Minuten mit dem Flugzeug ist Bocas del Toro von Panama-Stadt entfernt. Der Archipel mit sieben Hauptinseln und mehr als 200 Eilanden im Nordwesten von Panama an der Grenze zu Costa Rica erscheint wie ein tropisches Traumgebilde.

Regenwald und Traumstrände

Dichter grüner Dschungel reicht bis an die Sandstrände, an denen Palmen Schatten spenden. Das türkisfarbene Wasser der karibischen See verlockt zum Baden, vor der Küste finden Taucher und Schnorchler farbenprächtige Korallengärten unter der Wasseroberfläche, an anderen Stränden fordern große Wellen Surfer zu Höchstleistungen heraus. In kleinen Fischerörtchen mit farbigen Holzhäusern leben freundliche Menschen mit afro-karibischem, panamesischem und indianischem Hintergrund. Nun hat jedes Paradies einige Sonnenflecken. Nach Rucksacktouristen kamen besser betuchte, die entsprechende Hotels und Restaurants nach sich zogen. Doch noch immer kommen Aussteiger, die ein paar Urlaubswochen die durchorganisierte Zivilisation hinter sich lassen wollen, auf ihre Kosten, können auf der Isla de Bastimentos oder der Isla Cristóbal in Stelzenhäusern am Strand in einfachen kleinen Apartments mit Meerblick übernachten oder in schlichten Imbissen Empanadas und gegrillten frischen Fisch verspeisen. Kleine Tourismusanbieter organisieren Boottrips zu einsamen Inseln, geführte Wanderungen durch den üppigen Regenwald und Vogelbeobachtungen. Vogelkundler kommen hier besonders auf ihre Kosten: Der Rotschnabel-Tropikvogel mit seinem langen Schwanzwimpel und der gänsegroße Weißbauchtölpel brüten beispielsweise auf Swan Key. Und in den Wäldern kann man Tukane mit ihren mächtigen orangegelben Schnäbeln, verschiedene farbenprächtige Papageienarten oder Montezumastirnvogel in den Baumkronen ausmachen.

AUF DEM KANAL DURCH PANAMA

Die 82 Kilometer lange Wasserstrecke zwischen Colón im Norden und Balboa bei Panama City im Süden teilt das kleine mittelamerikanische Land in zwei Hälften und verbindet gleichzeitig die Karibik mit dem Pazifik. Für Schiffe, die von der nordamerikanischen Ostküste an die Westküste unterwegs sind, verkürzt sie die Fahrtstrecke um 20 000 Kilometer. Mehr als 14 000 Fracht- und Kreuzfahrtschiffe jährlich passieren den 1914 nach jahrzehntelanger Planung und kompliziertem, mehrere tausend Menschenleben kostendem Bau eingeweihten Kanal. Lange stand die Kanalzone unter US-amerikanischer Kontrolle, erst mit dem Jahr 2000 erhielt Panama die volle Souveränität über den Kanal und dessen Uferbereiche. Drei mächtige Schleusensysteme ermöglichen die Überwindung eines Höhenunterschiedes von 26 Metern auf der Strecke. Da die Abmessungen des Kanals für heutige große Containerschiffen und Tanker zu knapp sind, wurde der deutlich ausgebaute Kanal für Großcontainerschiffe Mitte 2016 wieder eröffnet.

WEITERE INFORMATIONEN

Panama: www.visitpanama.com
Bocas del Toro: www.bocasdeltoro.com

47 Cartagena, Kolumbien

Weltkulturerbe im Champeta-Rhythmus

Cartagena ist das Supermodel unter den karibischen Städten, würde sogar entsprechende Schönheitswettbewerbe Südamerikas gewinnen – wenn es welche gäbe. Es vereinigt die architektonischen Wurzeln seiner kolonialen Herkunft mit der Lebhaftigkeit und Farbenfreude der Karibik. Und da seine Bürger wehrhaft waren und nicht wie andernorts Hurrikans und Vulkanausbrüche ihre Substanz zerstörten, ist diese Perle fast unversehrt geblieben.

Cartagenas Zentrum ist Weltkulturerbe. Die Hafenstadt gilt als schönste Südamerikas. Sie ist voller belebter Straßen und Plätze (unten links) und verfügt über eine komplett erhaltene Bausubstanz (unten rechts und rechte Seite).

Cartagena liegt an der durch vorgelagerte Inseln geschützten Bahia de Cartagena und gilt als eine der ersten Städte, die die Spanier in der Neuen Welt gründeten. Es ist die Hauptstadt des Departements Bolivar im Norden Kolumbiens und mit knapp einer Million Einwohnern wahrlich kein Provinznest. Wie viele der südamerikanischen Küstenstädte wurde es nach einem spanischen Vorbild benannt. Beide sind übrigens Erzbistümer. Aber wie so oft im Leben: Die prachtvollen Kinder überflügeln eines Tages ihre Eltern. Das wurde spätestens deutlich, als die UNESCO 1984 das von Mauern eingefasste Stadtzentrum zum Weltkulturerbe erklärte.

Die Gründung Cartagenas 1533 geht auf Pedro de Heredia zurück. Seine Bedeutung gewann der Hafen schnell als Warenumschlagplatz für Rüstungsgüter aus Spanien und gleichzeitig für die geraubten Reichtümer – Gold und Edelsteine – die die Konquistadoren aus Südamerika in die Heimat transportieren wollten. Solch wertvolle Waren weckten Begehrlichkeiten. Cartagena wurde bald eine der umkämpftesten Städte der Karibik. Spanier, Engländer und Franzosen lieferten sich blutige Schlachten um die Vorherrschaft in diesem wichtigen Handels- und Flottenstützpunkt. Und Piraten, welcher Herkunft auch immer, mischten gleichfalls mit, weshalb die Stadt mehrfach befestigt wurde. Die riesige Wehranlage San Felipe und ein Schutzwall von zehn Kilometern Länge waren die Folge. Die beiden Forts San Fernando und San José an der Ein-

CHAMPETA

Die rhythmische Gute-Laune-Musik geht sofort ins Blut. Sie scheint fürs Tanzen gemacht. Die Ursprünge sind nicht ganz klar. Viele Einflüsse kamen dafür in Cartagena zusammen: Cumbia, Compás, Soca, Calypso, Reggae aus Lateinamerika mit verschiedenen afrikanischen Musikstilen wie Soukous, Mbaqanga, Bikutsi, Highlife, Juju und kongolesischer Rumba. Herausgekommen ist etwas Neues, das jedoch irgendwie vertraut klingt.

Erst in den letzten Jahrzehnten hat sich die Champeta entwickelt und auch durchgesetzt. Lange galt sie als aufrührerische Musik der Arbeiter, entstand in deren Barrios genannten Bezirken. Champeta ist schließlich auch der Name eines Messers. Die Texte waren zunächst vor allem satirisch und gesellschaftskritisch. Heute geht es um alle Themen. Und dass der besondere Rhythmus auch zum Engtanzen verführt, lässt sich auf Straßenpartys, in Diskos oder bei Familienfesten kaum übersehen.

fahrt zum Hafen sind Stein gewordener Ausdruck dieser Bemühungen.

Die »sicherste Stadt Südamerikas«

Bei einer Besichtigung dieser vielbesuchten und wegen der omnipräsenten Polizei angeblich sichersten Stadt Südamerikas sollte nicht allein das in vielen Piratenfilmen zitierte militärische Ensemble im Fokus stehen. Neben der Mitte des 16. Jahrhunderts erbauten Kathedrale und dem ebenso alten Kloster Santo Domingo lohnen vor allem die innerhalb der Stadtmauern befindlichen vielschichtigen Viertel einen Besuch. Dazu gehört das Centro, das geprägt ist von der Kathedrale sowie zahlreichen prunkvollen Villen und Stadtpalästen im spanisch-kolonialen Stil und einen Eindruck des damaligen Reichtums vermittelt. Nicht minder spannend ist ein Bummel durch San Diego, das Quartier der Händler und des Bürgertums, und durch Getsemani, das Viertel der Arbeiter und Handwerker.

Wer gern literarisch über das Flair dieser Stadt aufgeklärt werden möchte, dem sei der berühmte Roman *Die Liebe in den Zeiten der*

Cholera des Literaturnobelpreisträgers Gabriel Garcia Márquez ans Herz gelegt.

Partys feiert man im Bus

Cartagena lebt nicht im Mittelalter, es lebt allenfalls vom Mittelalter. Denn abgesehen davon, dass sich durch Erdölraffinerien und petrochemische Industrie der Hafen zum wichtigsten Erdölhafen der Republik entwickelte und gleichzeitig eine große Bedeutung für die Fischerei und als Marinestützpunkt besitzt, hat der touristische Besucherstrom für ein erkleckliches Einkommen gesorgt. Die wundervolle Stadt lebt und pulsiert im Hier und Jetzt. Besonders deutlich wird des Nachts, wenn die Schönheit zur Göttin wird. Eine ihrer Besonderheiten sind dann die einzigartigen »Rumba en Chiva«-Partys, die in einigen Bussen gefeiert werden. Die Clubs und Restaurants im Centro sind aber nichtsdestotrotz genauso prall gefüllt wie die Diskotheken in Getsemani. Hier hört man ausgesprochen gern eine spezielle afrokaribische Musik namens Champeta.

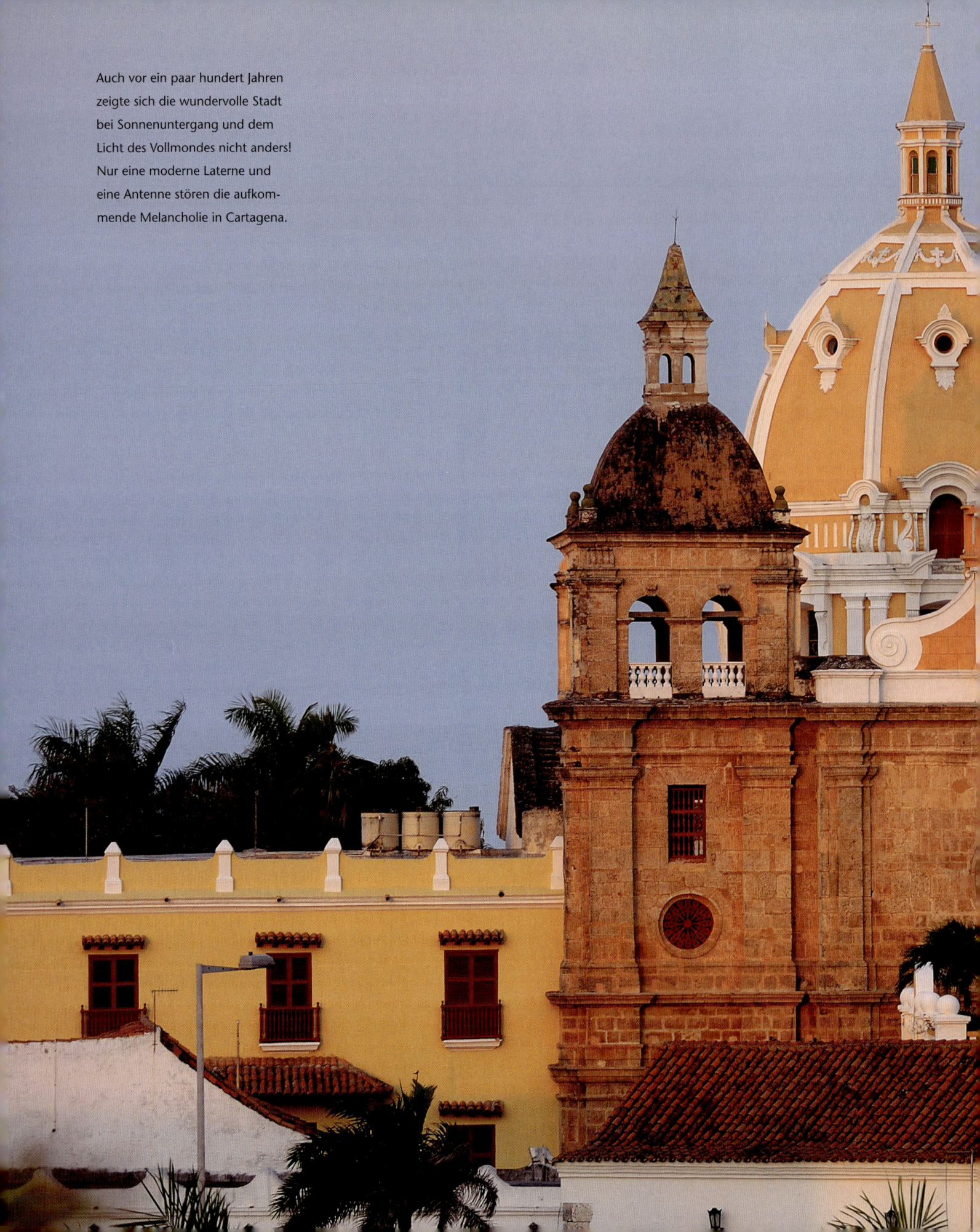

Auch vor ein paar hundert Jahren
zeigte sich die wundervolle Stadt
bei Sonnenuntergang und dem
Licht des Vollmondes nicht anders!
Nur eine moderne Laterne und
eine Antenne stören die aufkom-
mende Melancholie in Cartagena.

Der Tayrona-Nationalpark von oben (oben links). Der Nationalpark ist das Vogelparadies schlechthin (oben rechts). Die Strände gehören zu den schönsten der Welt (rechte Seite).

48 Tayrona Nationalpark, Kolumbien

Paradiesischer Flecken an Kolumbiens Küste

»Behaupte nichts, solange du Tayrona nicht gesehen hast!« Bekanntlich hat Gott die ersten Menschen Adam und Eva aus dem Garten Eden verjagt, und so dürfte es Paradiese auf der Erde eigentlich nicht mehr geben. Doch wer den Tayrona National Park nordöstlich von Cartagena besucht, mag an der Schöpfungsgeschichte zweifeln, so überwältigend wirken Strände, Berge, Wasserfälle und Wälder auf den Betrachter.

Wahr ist, dass die Strände von Tayrona zum Niederknien schön sind! Und zwar dies ganz unabhängig von internationalen Rankings, in denen sie immer wieder auf den vorderen Plätzen auftauchen. Allein die Steine, die hier die Strände drapieren: riesige Granitfelsen, von Sonne, Sand und Meer nachbearbeitet. Sie liegen gewissermaßen wie von einem an Ästhetik interessierten höheren Wesen angeordnet zwischen idyllischen Palmenhainen und -wäldern. In der Region von Tayrona leben auch einige ungewöhnliche Tiere – farbenprächtige Vögel, Krokodile und bis zu 15 cm große Heuschrecken. Mit viel Glück entdeckt der stille Beobachter auch die schwarz-weiß gemusterten Affen in den Bäumen. Dieser Winkel der Karibischen See mit seiner Artenvielfalt hat bislang davon profitiert, dass es an der Nordküste Südamerikas noch keine Hurrikans gibt. Tropenstürme fegen immer wieder über das Gebiet hinweg, als Hurrikans bauen sie sich aber weiter im Westen und Norden auf und sorgen zwischen Hispaniola und der nordamerikanischen Küste für immense Zerstörung.

Der Tayrona National Park hat die schönsten Strände weit und breit

Traumstrände mit sanft dümpelndem Wasser wechseln sich zwischen Santa Marta und Palomino ab mit dramatischen Buchten und wildem Seegang. Die Berge im Park klettern auf 900 Meter, und weiter im Hintergrund steigt

die Sierra Nevada mit dem Pico de Cristóbal Colón auf eine Höhe von 5775 Metern über dem Meeresspiegel. Das gibt es sonst nirgends auf der Welt! Hier Meer, da ein gewaltiges Bergmassiv mit tosenden Wasserfällen und dichtem Wald. Schönheit gepaart mit unvorstellbaren Dimensionen! Wer das irdische Paradies genießen will, kann sich einfach an einen Strand wie die Playa Cristal legen, selig vor sich hinträumen und die Welt um sich herum vergessen. Eine Playa Nudista hinter dem Cabo San Juan del Guía erlaubt die Totalentspannung auch ohne Badehose. Wer den Wunsch nach Aktivitäten verspürt, der kann wandern. Durch Trockenwald, durch Nebelwald, durch Regenwald! Pilgerstätte sind die einst von dem Stamm der Tayronas bewohnten Ruinen von Chairama, die allgemein Pueblito genannt werden. Die Schritte näher kommender Besucher auf dem Fußweg vom Cabo San Juan del Guía hallen so laut, dass die Bewohner stets lange vorher gewarnt sind.

Das ganze Jahr hindurch tagsüber 30, nachts 25 Grad

Santa Marta, am südwestlichen Rand des 150 Quadratkilometer großen Nationalparks und der Küste der Karibischen See gelegen, ist ein Handelsstädtchen mit einigen netten Bauten im kolonialen Stil und nahezu gleichbleibenden Temperaturen von etwa 30 Grad am Tag und 25 Grad in der Nacht. Es wirbt mit dem euphemistisch klingenden Satz »Das einzige Risiko ist, dass du bleiben willst.« Besucher des Tayrona National Parks können sich auf dem Weg nach Santa Marta das Museo del Oro mit einer Goldsammlung und schöner präkolumbianischer Töpferkunst ansehen oder in einem Park mit vielen Iguanas dem Sterbehaus von Simon Bolivar ihren Respekt zollen.

Der Haupteingang des ausgesprochen schönen Parque National Tayrona lässt sich mit dem öffentlichen Bus oder einem deutlich teureren Taxi erreichen. Die Übernachtungsmöglichkeiten reichen von einem luxuriösen Spa bei Cañaveral bis zu Hängematten und einfachen Hütten bei Arrecifes. Kleine Restaurants bei den Unterkünften stillen den Hunger. Das Wichtigste ist: Alle Flaschen, Dosen oder Plastiktüten müssen, voll oder leer, den Nationalpark wieder verlassen. Und noch ein Tipp: Jedes überflüssige Kilo Gepäck ist besser in Santa Marta aufgehoben als im Rucksack beim Wandern. Nachvollziehbar beim warmen, feuchten Klima.

AUSFLUG ZUR CIUDAD PERDIDA

Die »verlorene Stadt« ist nach Machu Picchu in Peru die größte präkolumbianische Siedlung Südamerikas. Sie liegt in einer Höhe zwischen 900 und 1200 Metern in der Sierra Nevada, nur 40 Kilometer südöstlich von Santa Marta. Bis zu 8000 Tayrona lebten hier, als die spanischen Eroberer die Inka stürzten. Doch die Tayrona gingen nicht an Musketenschüssen oder Schwerthieben zugrunde. Ansteckende Krankheiten, die die Spanier mitgebracht hatten und gegen die sie keine Abwehrstoffe besaßen, machten den indianischen Einwohnern der gut zwei Quadratkilometer großen und überwiegend zwischen dem 11. und dem 16. Jahrhundert erbauten Stadt den Garaus. Rund 200 meist ovale Plattformen sind im Dschungel erhalten, dazu Mauern und Wege. Einige Veranstalter bieten herausfordernde fünf- bis sechstägige Wandertouren durch Berge und Dschungel von Tanganga und anderen Orten zur heiligen Stadt an.

49 Royal Caribbean

Der Weg ist das Ziel – Kreuzfahrt durch die Karibik

Samstagnachmittag, Miami – Cruise Ship Terminal. Eine Woche lang soll es zu den Bahamas und einigen karibischen Inseln gehen, nach St. Thomas, Puerto Rico und auf das Eiland Labadee im Norden von Haiti. Rund 3100 Passagiere machen sich auf die Reise, vorwiegend aus den USA. Einige hundert stammen aus rund dreißig weiteren Nationen, fünf Dutzend aus Deutschland. Hinzu kommen knapp 1200 Besatzungsmitglieder eine Kleinstadt auf Reisen.

Die Größe spielt doch manchmal eine Rolle (oben). Zauberhaftes Bordprogramm (unten links) ist garantiert. Selbst eine Kletterwand ist an Bord (unten rechts). Immer wieder faszinierend: Wirbel und Strudel an Bug und Heck (rechte Seite).

Um es gleich zu sagen: Die eigentliche Attraktion sind nicht die 1557 Passagierkabinen und Suiten, sondern die Ausstattung des 311 Meter langen und 48 Meter breiten Kreuzfahrtriesen. Als die im finnischen Turku gebaute »Voyager of the Seas« Ende 1999 von Miami zu ihrer Jungfernreise auslief, galt sie als Sensation. Inzwischen empfinden es viele bereits als völlig normal, dass Golf, Basketball, Hochgebirgsklettern Sportarten sind, die auch in den Tropen gepflegt werden. Allein der Anblick einer Eisarena im Schiffsbauch eines Tropenkreuzers ist schon gewöhnungsbedürftig. Das Schiff legt ab, Kurs Bahamas. Langsam zieht die »Voyager« durch den breiten Hafenkanal Richtung Atlantik. An Backbord ist ein Strom von Fahrzeugen nach Miami Beach auf dem Mac Arthur Causeway

unterwegs, steuerbord ziehen die Containerstapel des Hafens vorbei und Fisher Island, eine reiche Villen-Enklave, in der 1947 übrigens Al Capone an den Folgen von Syphilis starb. Doch trübe Gedanken sind nicht angesagt, stattdessen ein opulentes Dinner, gepaart mit einer wahrhaft schweren Entscheidung: Soll es eines der drei Buffetrestaurants sein, der »Original Jonny Rockets Diner«, das »Windjammer Café«, das italienische »Portofino« oder das elegante Hauptrestaurant über drei Ebenen, mit Freitreppe und Kristallkronleuchter? Zwei der 1500 Plätze sind noch frei, neben einem munteren Paar aus Milwaukee, das sich diese Reise zur silbernen Hochzeit selbst geschenkt hat. Salate, Suppen, Lammkoteletts, süße Sachen, die Auswahl ist üppig, verhungern muss keiner.

Zu den Angeboten an Bord gehören auch Streetball (rechte Seite). Viele Urlauber lassen sich aber eher von den Drinks für Couch-Potatoes ablenken (ganz unten). Blick in die überwältigende Lobby (unten).

Wer will, kann abends noch eine Show im La Scala Theater mit seinen 1350 Sitzplätzen beklatschen, aber ein Spaziergang nach dem Essen ist auch nicht schlecht. Auf Deck 5 öffnet sich die erstaunliche Promenade, ein riesiger Innenraum, vier Decks hoch, neun Meter breit und 120 Meter lang. Die Passage säumen Cafés, Bistros, Bars, ein Irish Pub, Palmen, alte englische Telefonzellen, Geschäfte mit den un-

vermeidlichen T-Shirts, Kappen oder Sonnenbrillen. Dekorativ steht ein herausgeputztes rotes Sportcabrio am Rand. In ihm soll früher einer der Reeder gefahren sein.

Nassau, Hauptstadt der Bahamas auf Providence Island, grüßt morgens mit bestem Wetter. Auf der vorgelagerten Strandinsel Paradise Island erhebt sich das gigantische Atlantis-Hotel über den Palmen, unwirklich wie ein verwunschener Palast aus mythischen Zeiten. Am Kreuzfahrtterminal herrscht trotz früher Stunde schon ein munteres Treiben. Taxis, Minibusse und Straßenhändler warten auf zahlungskräftige Kunden. Viele Passagiere begnügen sich mit einem Bummel über die Bay Street, die Haupteinkaufsstraße mit vielen Duty-free-Geschäften, besuchen das Pompey Museum zur Geschichte der Sklaverei oder schauen Königin Victoria ins Auge, deren Standbild auf dem Parliament Square von rosafarbenen Bauten der früheren Kolonialverwaltung umgeben ist. Mittags geht es schon weiter, eineinhalb Tage auf See stehen bevor. Das 140 000 Tonnen große Schiff pflügt mit 22 Knoten, beinahe 41 Stundenkilometern, durch die See. Trübsal wird nicht geblasen, das pralle Bordprogramm lässt dafür keine Zeit. Die Ersten haben bereits die steile, 60 Meter hohe Kletterwand am Schornstein bezwungen, nach Einweisung und gut abgesichert, versteht sich. Andere traben auf einer markierten Tartanbahn übers Deck. Fünf Runden sind eine Meile, meint der indische Trainer. Minigolf wird gespielt oder unter Deck der Abschlag auf virtuellen Golfbahnen trainiert. Viele hundert Liegen warten auf Sonnenhungrige oder Ermattete, von der Deck Patrol stets korrekt ausgerichtet.

Italienischer Abend im Hauptrestaurant. Kulinarische Spezialitäten der Cucina italiana stehen auf der Karte, doch der allgemein bejubelte Höhepunkt ist der »O sole mio«-Chor der 90 Kellner auf der Freitreppe. Natürlich kann man auf der »Voyager« auch sein Glück versuchen. Zu Bingo und anderen Game Shows versammeln sich meist Paare mittleren Alters; generationenübergreifend ist das Publikum im

Kasinoraum, in dem 300 einarmige Banditen um die Wette blinken und die Tische mit Blackjack, dem Würfelspiel Craps, Roulette und karibischem Stud Poker gut belegt sind.

Ein ganzer Tag St. Thomas, Hauptteiland der amerikanischen Jungferninseln

Lange gehörte die Inselgruppe zu Dänemark, wurden Zucker und Rum von der Dansk Vestindisk Kompagni verarbeitet. Das Schiff liegt am West Indian Company Dock, an dem bis zu drei Cruise Liner festmachen können. Wieder umfangreiches Shoppingangebot: Schweizer Uhren, Diamanten, andere Juwelen, nebenan gleich eine Filiale der Scotiabank, dazu Rundfahrten über die gut 20 Kilometer lange hügelige und grüne Insel.

Am nächsten Morgen San Juan, die Hauptstadt von Puerto Rico. Schon 1508 setzten sich die Spanier auf der großen Antilleninsel fest, errichteten Forts und eine Befestigungsmauer, um einen ihrer wichtigsten Karibikstützpunkte verteidigen zu können. Nach dem amerikanisch-spanischen Krieg Ende des 19. Jahrhunderts übernahmen die USA das Kommando, und so ist es bis heute geblieben. Die historische Altstadt lässt sich gut auf eigene Faust erkunden, vorbei an Häusern aus spanischer Kolonialzeit, mit schmiedeeisernen Balkonen und

in Pastellfarben getüncht. Frisch gepresster Fruchtsaft an einem von Statuen geschmückten Platz, darum herum munteres Straßentreiben. Letzte Station Haiti, doch nicht die von Erdbeben und Unruhen heimgesuchte Hauptstadt Port-au-Prince im Süden, sondern die schmale unbewohnte Halbinsel und Bucht von Labadee im Norden, von der Royal Caribbean Reederei für 99 Jahre exklusiv gepachtet. Barbecue am Strand, Baden in der türkisblauen Karibischen See. Wer will, kann sich auf einem Bananenboot durch die Wellen ziehen lassen. Wieder eineinhalb Tage auf See, aufgelockert mit einer Show im Eisstadion, mit Bauchklatscher- und Sexy-Legs-Wettbewerb am Pool und einer kunterbunten Mardi-Gras-Karnevalsparade durch die lange Royal Promenade. Zum Captain's Dinner ist formal dress angesagt, am besten Abendgarderobe. Kein Problem, falls Herren ihren Smoking gerade nicht dabei haben, der Freizeit-orientierte Tuxedo-Verleih hilft gegen Gebühr aus. Überhaupt, ein Gruppenfoto mit Kapitän macht sich in schicker Kluft deutlich besser.

Am Morgen darauf ist Miami erreicht. Die Fahrt auf dem riesigen Hotelschiff ist zu Ende. Eine Tour als siebentägiges Unterhaltungsprogramm mit karibischer Inselkulisse, in dem die Hauptrolle eindeutig das Schiff selbst spielt.

STOPOVER MIAMI

Kein schlechter Gedanke, nach dem Transatlantikflug den Zeitunterschied von sechs Stunden mit einem Stopover in Miami und Miami Beach zu verdauen. Doch das Strandleben am South Beach kann auch anstrengend sein. An den Bars und in den Diskos des Art-déco-Viertels herrscht Partystimmung bis tief in die Nacht. Andere Eindrücke bietet ein Ausflug in den Everglades National Park – endlose Savannen mit Sägegras, dazwischen Bauminseln und flaches Wasser, das unendlich langsam nach Süden in den Golf von Mexiko fließt. Besucher können erahnen, wie der Süden der Halbinsel einmal ausgesehen hat, bevor Eisenbahn und Highways das Land für die massenhafte Besiedlung erschlossen. Und im Historical Museum of Florida an der First Avenue von Miami zeigen Dioramen, historische Fotos und archäologische Fundstücke anschaulich, wie die letzten 10 000 Jahre menschlicher Geschichte Südflorida veränderten.

Steeldrums sorgen für das karibische Feeling (oben rechts). Die Crew erklärt gern das Wesen des Hi-Tech-Segelns (oben links). Malerische Buffets sorgen für die geeignete Grundlage (unten). Die Takelage des Fünfmasters (rechte Seite).

50 Royal Clipper

Segeltraum und Luxus pur

»Wie wär's mit Segeln in der Karibik?« Eine herausfordernde Frage, verlockend. Ein langgehegter Traum vielleicht, allerdings auch für viele nicht erreichbar. Das notwendige Kleingeld für die Jacht ist gerade nicht zur Hand, das seemännische Können verbesserungswürdig. Es gibt viele Gründe, weshalb der Wunsch nicht in Erfüllung gehen könnte. Mit der »Royal Clipper« ist zumindest ein gewichtiges Argument für die Traumreise bereits unter vollen Segeln.

Legenden sind – von wenigen Lichtgestalten abgesehen – meistens schon verblichen, wenn sie ihren Status erlangt haben. Das ist nicht immer bedauerlich und wird auch nicht durch die von Hollywood verniedlichten Freibeuter der Karibik widerlegt. Eine Begegnung mit ihnen verlief selten freundschaftlich. Eher tödlich. Und jeder, der die Meere überquerte, hatte reichlich Angst davor, einmal unfreiwillig dabei zu sein, wenn die Totenkopfflagge gehisst wurde. Aber dieser »Fluch der Karibik« ist inzwischen einem wohligen Schauer gewichen. Denn wenn ein Fünfmaster wie die »Royal Clipper« mit voller Takelage durch die Inselwelt im Golf von Mexiko streift, lebt auf ihm nur noch das virtuelle Bild von Johnny Depp oder Errol Flynn auf, aber nicht mehr das der blutrünstigen Originale. Äußerlich ähnelt die um die Jahrtausendwende vom Stapel gelassene »Royal Clipper« der »Preußen«, einem der legendären Großsegler aus der goldenen Ära vor mehr als hundert Jahren. Doch Takelage, Tiefgang und die Form sind State of the Art. Auch das Innenleben mit Veranda-Suiten, Butler-Service und Whirlpool war auf den einstigen Frachtseglern eher karg. Die »Royal Clipper« transportiert ja auch nicht Salpeter, Obst oder Tiere, sondern Urlauber, die sich Seefahrerromantik gepaart mit Hi-Tech und Luxus wünschen.

Auf Hochzeiten geht's eher klassisch zu

Der Törn führt durch die Karibische See, von Bridgetown auf Barbados eine Woche lang über die Windward Islands bis Tobago und zu-

Der Käpt'n als Ehestifter (oben links). Die handgeschnitzte Galionsfigur (oben rechts) mit Blick in die Sterne. Für Segler ein Muss: »Ik hev mol'n Fünfmaster sehn, …« (rechte Seite).

rück. Stopps bei den Grenadinen und bei Bequia bieten Abwechslung an traumhaften Palmenstränden und in farbenprächtigen Korallengärten. Ausflüge auf St. Lucia, Martinique oder Grenada führen zu schlafenden Vulkanen und in dichte tropische Regenwälder. Doch im Grunde genommen sind die meisten Passagiere wegen des Schiffs und des einzigartigen Segelabenteuers an Bord. Das Hochzeitspaar, das sich während des Törns das Ehegelübde gibt, hat sich in Schale geworfen. Der Bräutigam in dunklem Anzug mit hell gestreifter Krawatte, seine Zukünftige schulterfrei in Weiß, im Arm den Brautstrauß. Auch der Kapitän trägt für die Trauung seine weiße Paradeuniform. Eigentlich sind Krawatten und Abendkleider auf der »Royal Clipper« verpönt. Man schätzt hier eher ein legeres Outfit.

Ein Fünfmaster, von drei Mann gesteuert

Die Zeiten, als Dutzende Matrosen in den Rahen hingen und die Segel setzten, sind vorbei. Heute geht das vom Steuerpult aus. Hier können alle Segel einzeln angewählt und per Knopfdruck elektrisch ausgerollt werden. Brasswinden bringen jedes Tuch in die optimale Stellung. Der Vorteil der modernen Technik: Das Schiff kann mit nur drei Mann gesteuert werden. Ohne Elektronik wären 30 Matrosen erforderlich.

Schnell belegt sind die Honeymoon Balkonies

Allein von Windkraft angetrieben, schneidet die »Royal Clipper« heute mit neun Knoten, etwa 16 Stundenkilometern, durch das türkisblaue Wasser. Geschätzte 17 Knoten sind bei kräftigem Wind und optimalen Segelbedingungen möglich. Einige Passagiere liegen entspannt im kräftig geknüpften Netz über der schäumenden Bugwelle, lesen oder träumen, mit Blick auf die gut 50 Meter steil aufragenden Masten und ihre weißen Segel, auf den fernen Horizont oder vorbeiziehende Inseln. Als erstes sind morgens meist die Honeymoon Balkonies belegt, kleine erkerartige Ausbuchtungen am Bug, Panoramaplätze über dem Meer. Viele warten hier auf das Auftauchen von Delfinen, die das Schiff recht häufig begleiten.

Eine Gruppe macht sich, gesichert von Guides, auf den Weg zum Ausguck, einer Miniaussichtsplattform am Mast in knapp 20 Metern Höhe. Ein herrlicher Blick à la Amerigo Vespucci und das sanfte Schwanken des Schiffs im Rhythmus der Wellen sind der Lohn für Mut und Anstrengung. Aus der Vogelperspektive wirkt das Sonnendeck mit seinen drei Pools – der größte ist gut sieben Meter lang – winzig klein. Darunter verbirgt sich ein Atrium über drei Ebenen, geschmückt mit viel Mahagoni und schmiedeeisernem Dekor. Die Klänge ei-

nes großen Pianos schaffen eine Atmosphäre, die mit der maritimen Außenwelt an Deck wenig gemein hat. Im Restaurant tief unten, wo das Schaukeln kaum zu spüren ist, werden die Mahlzeiten serviert, Frühstück und Lunch als Buffet, das Abendessen als Menü mit großer Auswahl. Beliebt ist die »Captain Nemo Underwater Lounge«, die abends sogar beleuchtete Ausblicke in die tropische Meereswelt bietet. Eleganz in den Kabinen: Mahagonitäfelung harmoniert mit Sitzmöbeln aus dunklem Holz, marineblaue Überdecken kontrastieren mit burgunderroten Teppichen. An den Wänden nautische Grafiken. Ein Whirlpool komplettiert die Einrichtung in den Balkonkabinen.

In der »Tropical Bar« auf dem Sonnendeck tost das Leben. Wer sich an der Morgengymnastik beteiligen will, eilt hierher, ebenso wer am abendlichen Tanz zu den exotischen Rhythmen der Soca-Band mit ihren Calypso-Ölfässern teilnehmen möchte. Ein paar Passagiere lieben immer die morgendliche Captain's Story Time, wenn der Kapitän Informationen zur Position und Route des Schiffs gibt, über nautische Themen spricht oder von Captain Morgan, Blackbeard und anderen Piraten der Karibik erzählt. Heute geht es um das legendäre Fünfmast-Vollschiff »Preußen«. Dem Großsegler wurde 1910 im Ärmelkanal vom englischen Dampfer »Brighton« die Vorfahrt genommen. Nach dem

Zusammenstoß und einem gescheiterten Rettungsversuch sank der stolze Salpetersegler in stürmischer See. Anders als bei Kreuzfahrtriesen mit mehreren tausend Passagieren, ist an Bord der »Royal Clipper« auch sonst jeder eingeladen, die Brücke zu besichtigen und Kapitän oder Ersten Offizier mit Fragen zu löchern.

Seefahrer sind Romantiker

Kreuzfahrten mit nostalgischer Seefahrerromantik und Komfort werden immer beliebter. Dabei sind diese luxuriösen Törns erst spät in Mode gekommen. Mit der »Sea-Cloud« begann Ende der 1970er-Jahre die Renaissance der großen Segler, diesmal jedoch nicht als Fracht-, sondern als Kreuzfahrtschiffe. Rund zehn Jahre später kamen weitere Großsegler-Schiffe hinzu: unter anderen die »Star Clipper« und die »Star Flyer«, dazu außerdem Club-Med-Segler mit jeweils rund 400 Passagieren. Der letzte Abend an Bord. Irgendwann sind die Instrumente der Band verklungen. An Deck hört man nur noch das leise Rauschen der Bugwelle, den Wind in den Segeln und das leichte Knirschen des Tauwerks. Der intensive tropische Sternenhimmel beleuchtet die in tiefdunkles Blau gehüllte Szenerie. »Klapptok, klapptok …« Stille. Ein Schnaufen? War da nicht gerade der Schatten der humpelnden Gestalt von Long John Silver zu sehen?

INFORMATIONEN »ROYAL CLIPPER«

Länge über alles: 133,20 m

Breite über alles: 16,40 m

Tiefgang: 5,70 m

Masten: 5

Segel: 42

Segelfläche: 5050 m²

Großtonnage: 4425 BRZ

Kabinen: 96 Standard, 14 Luxus, 2 Eigner

Werft: Merwede Shipyards, Hardinxveld-Giessendam, NL

Reederei: Star Clippers, Monaco

Buchung: Star Clippers, Konrad-Adenauer-Str. 4, 30853 Langenhagen

Tel. 0511/726 65 90,

Fax 0511/72 66 59 20,

www.starclippers.de

Dazu in Reisebüros und Buchungsportalen. Preise ab ca. 2000 Euro pro Person und Woche, inkl. VP, je nach Saison und Kabine

Register

Bilder von links nach rechts: Der Comandante mit Coca-Cola-Background. Wer ist hier der Haifisch? Ein Nachfahre von Bob Marley. Ein Paradies für Oldtimerfans. Kellnerin im Ladera Resort. Das Spiel der Spiele in der Karibik: alte Männer beim Domino.

Impressum

Verantwortlich: Stephanie Iber, Miriam Minzlaff
Für diese Ausgabe: Alina Gillen
Layout: Mediaservice Rudi Stix
Umschlag: Frank Duffek, Nina Andritzky
Repro: LUDWIG:media
Kartografie: Astrid Fischer-Leitl, München
Herstellung: Bettina Schippel
Printed in Italy by Printer Trento

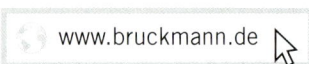

★★★★★

Sind Sie mit diesem Titel zufrieden? Dann würden wir uns über Ihre Weiterempfehlung freuen.
Erzählen Sie es im Freundeskreis, berichten Sie Ihrem Buchhändler, oder bewerten Sie bei Onlinekauf.
Und wenn Sie Kritik, Korrekturen Aktualisierungen haben, freuen wir uns über Ihre Nachricht an Bruckmann Verlag, Postfach 40 02 09, D-80702 München oder per E-Mail an lektorat@verlagshaus.de.

Unser komplettes Programm finden Sie unter www.bruckmann.de

Alle Angaben dieses Werkes wurden von den Autoren sorgfältig recherchiert und auf den neuesten Stand gebracht sowie vom Verlag geprüft. Für die Richtigkeit der Angaben kann jedoch keine Haftung übernommen werden.

Die Autoren

Christian Heeb, 1962 geboren, ist einer der erfolgreichsten Reisefotografen weltweit. Seine Fotos und Bildreportagen erscheinen in Magazinen wie »Abenteuer & Reisen«, »Animan« und »Grands Reportages«. Er ist Bildautor von über 90 Büchern und unzähligen Kalendern. Christian Heeb lebt auf einer Ranch in Bend, Oregon (USA) und in St. Gallen (Schweiz). Er wird in Deutschland durch die Agentur laif in Köln vertreten. Seine Bilder werden international publiziert und ausgestellt. Mehr Infos unter: www.heebphoto.com.
Axel Pinck arbeitet als Journalist und Buchautor für führende Buchverlage, Magazine und Zeitungen sowie für Rundfunk und Fernsehen. Er hat weit über 30 Bücher über Reiseziele in Deutschland, Europa, der Karibik und Nordamerika publiziert. Zwischen seinen Reisen lebt er in Hamburg. Mehr Infos unter: www.kanal4media.de.

Alle Bilder des Innenteils und des Umschlags stammen von Christian Heeb, Oregon, außer: Mauritius images, Mittenwald: S. 55 o.; Picture Alliance/dpa, Frankfurt a. M.: S. 35 o.r., 37 o.r., 50 u., 73 u.r., 92 o.r., 108 u., 136, 137 u., 139 u.r., 151 o.r., 154, 155 (2); Shutterstock (www.shutterstock.com): S. 21 (mattwood20), 38 o. (Miami2youPhoto), 38 u. (Colin MacDonald), 39 o.(Mariano Villafane), 39 u. (Miami2youPhoto), 47 o. (BobNoah), 55 u.r. (Rousseau, S.),74 o. (Filipe Frazao), 74 u. (Travelling Thilo), 75 o. (Paul Carter Photography), 75 u. (delaflow), 104 o. (LACROIX CHRISTINE), 105 o. (loneroc), 105 u. (Solodov Aleksei), 115 (Larwin), 128 o. (John de la Bastide), 128 u. (Aleksandar Todorovic), 129 o. (John de la Bastide), 129 u. (John de la Bastide), 151 o.l. (John A. Anderson), 159 o. (Photography by KO) 159 u. (Simon Dannhauer), 160/161 (Kevin Wells Photography), 162 o.l. (Daniel Andis), 163 o. (Jarno, G.), 164 o. (Dirk Ercken), 164 u. (Simon Dannhauer), 165 o. (gary yim), 165 u. (Ondrej Prosicky), 169 u. (Maiquez, A.), 174 o.l. (hillsn_1992), 169 r.o. (Zigzag Mountain Art), 174 o.l. (hillsn_1992);
Wikicommons: S. 144 o.

Umschlag
Vorderseite: oben: Cabrera, Dominikanische Republik
unten: Petit Piton, St. Lucia
Umschlagrückseite (oben): Pool des Maca Bana Hotels in Grenada
Umschlagrückseite (unten, v.l.n.r.): die Pitons von St. Lucia; Blumenfrauen in der Altstadt Havanna Vieja; Meeresschildkröte
Klappe vorne: das Luxus-Kreuzfahrtschiff Royal Clipper
Klappe hinten: Tanzabend in der Casa de la Música in Havanna

S. 2/3: Mockingbird Hill Hotel, San Antonio, Jamaika. – S. 5: Einheimischer Hutmacher am Strand von Grenada. – S. 6/7: Sonnenuntergang an der Lagune von Bacalar. – S. 196/197: Buntes Haus in Paynes Bay.

Die Deutsche Nationalbibliothek verzeichnet diese Publikation in der Deutschen Nationalbibliografie; detaillierte bibliografische Daten sind im Internet über http://dnb.d-nb.de abrufbar.

3., überarbeitete Auflage
© 2019, 2014, 2010 Bruckmann Verlag GmbH, München
ISBN 978-3-7654-4869-0

Ebenfalls erschienen ...

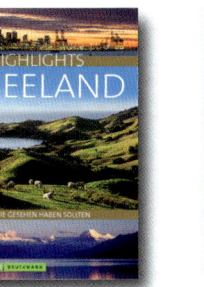
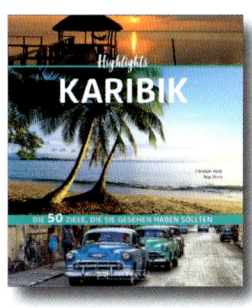

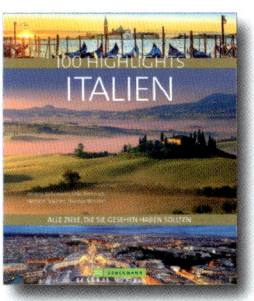
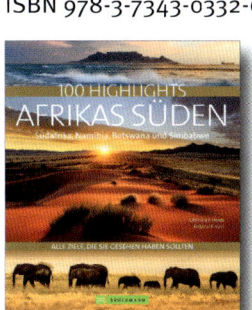
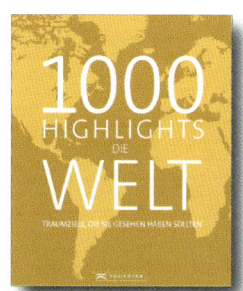